# MÁS ALLÁ DE LA INOCENCIA

*Mauricio Leyva*

# MÁS ALLÁ DE LA INOCENCIA

*Mauricio Leyva*

# I

"**¿Qué hacemos?** Niños y los vendemos". Esta frase, **más que la conocida connotación humorística que** se le da en la mayoría de los casos, es una cruel realidad que persiste en las regiones apartadas de los estados de Guerrero, Oaxaca y Chiapas. La marginación así como la pobreza extrema, han provocado que algunas familias vendan a sus hijos. Antes, los pequeños o las pequeñas eran dados en matrimonio a cambio de una dote y los padres de familia, en particular los hombres, quienes deciden por el núcleo familiar, se aseguraban de saber **dó**nde estaban. En la actualidad, el concepto y el fondo han degenerado en absoluto. Los mercenarios de la infancia, personas que se dedican a traficar con los menores aprovechando las circunstancias, han arrebatado del seno de sus hogares a miles de niños, de quienes se desconoce el paradero. Esta novela, crítica y acusatoria, trata de la vida de tres niñas y una adolescente; plantea también tres posibles destinos: la prostitución infantil, la venta de niños para extraer sus órganos y la venta de los niños a otras familias. Los lugares en los que se desenvuelve la trama son básicamente dos: la Montaña de Guerrero y la Ciudad de México. En el desarrollo, las niñas se darán cuenta de que existe algo más allá de su inocencia, algo malo que desconocen y sobrepasa con mucho cualquier historia que les ha sido contada, una realidad oscura en la que los sueños son cuentos inexistentes, la magia no existe y los príncipes son una fantasía confeccionada por las mentiras.

*Mauricio Leyva*

# NO MÁS DE DOS

Paul, el Güero, entró a un café en la avenida Paseo de la Reforma, se sentó a una mesa cerca de una vidriera que daba al balcón y encendió un cigarro mientras ordenaba un café. Observó con calma el lugar y su atención se detuvo en la página principal del periódico que un hombre tenía en las manos: *Tráfico de menores*, se leía, y Paul no pudo evitar una mueca de incomodidad. Cuando le sirvieron el café, por accidente miró su reflejo: se descubrió enjuto y notoriamente entrado en años a pesar de los jeans y la camiseta. Movió la cabeza y empezó a beber de su taza. Media hora después apareció Toscano, moreno, grande, de complexión robusta. Sin titubear, Toscano se dirigió a la mesa, se saludaron, atrajo una silla y dejó caer en ella el corpachón.

—Me da gusto que estés bien —dijo el recién llegado—, creímos que no ibas a librarla.

—Pensé lo mismo, pero aquí estoy.

—¿Qué pasó en Oaxaca?

—Las cosas no están saliendo bien —dijo Paul—. La gente protestó, a última hora el padre ya no quería darme a la niña, me hice de palabras con él y cuando me di cuenta tenía al pueblo encima. Por suerte la había dejado en otro lado, logré correr y ocultarme en una especie de cueva. No sé cuánto tiempo estuve allí. Una vez que el camino estuvo despejado caminé y caminé hasta que di con una camioneta vieja que iba a Guerrero, pedí un aventón y me subí. El hombre que manejaba me dejó en Ometepec, de allí pagué un taxi hasta Acapulco y una vez en el puerto me vine para acá.

—¿Y la niña?

—Quedó al cuidado de un buen amigo. Se llama Alfonso, en cuanto se calmen las cosas te la va a traer.

—¿Cómo se llama la chamaca?

—Natividad.

Toscano asintió con la pesada cabeza. Durante un par de minutos permaneció mirando la calle a través de la vidriera.

—El jefe necesita otro trabajo —dijo al fin.

Paul hizo una pausa; se chupaba los labios.

—Ya habíamos dicho que este de Oaxaca sería el último —dijo.

—El jefe me pidió que te encargaras de otro y que lo consideres un regalo.

—Ya no puedo, han sido muchos trabajos. En Oaxaca el problema fue que alguien me identificó. Mi situación es muy difícil. Deveras, no puedo seguir en esto.

—Uno más y ya, te lo prometo. Mira, me caes muy bien, pero si te niegas tendré que obedecer órdenes muy estrictas —dijo Toscano alzándose la guayabera para dejar una Glock al descubierto.

Para Paul era suficiente.

—Voy a necesitar más dinero —dijo a disgusto—. Me moveré en otro lugar.

—No hay problema, irás a Guerrero, a Tlapa, en la montaña. Rutilo te va a contactar allí.

—¿Exactamente dónde? —cuestionó Paul molesto.

—El informante te va dar los datos, comunícate con él —indicó Toscano.

—¿Qué es lo que el patrón quiere? —preguntó Paul antes de encender un cigarro.

—Quiere dos, una adolescente y otra de cinco o seis años —indicó el pistolero.

—¡Imposible! No puedo llevarme dos de un mismo lugar, lo sabes.

—Tranquilo, Paul, eres experto en estos asuntos, vas a poder, confiamos en ti. El jefe te va a recompensar bien, tendrás una muy buena jubilación —lo animó el emisario.

Paul ya no respondió. Toscano se levantó y arrojó a la mesa un sobre amarillo. El anticipo, indicó. Se despidió nuevamente y le deseó suerte al proveedor. Paul dejó pasar un tiempo, pidió otra taza de café, abrió el sobre y llamó al contacto.

—¿Dónde nos vemos?

—En el restaurante que está saliendo del metro Miguel Ángel de Quevedo, a las cinco de la tarde.

Paul pagó la cuenta, caminó al metro Hidalgo y abordó la línea verde con dirección Universidad. Las imágenes que observaba en el vagón lo sacaron momentáneamente de su realidad; era una especie de suspensión del tiempo que lo divertía y relajaba. Amparado en el anonimato, disfrutaba. Veía a los amantes que se acariciaban en los vagones, a los fanáticos del futbol con sus colores extravagantes, a los darketos, los tentones y los fisgones, a la mujer maquillándose, a los de traje y corbata apresurándose, y percibía el temor que su rostro marcado por los males infundía. En algún momento miró el reloj y se percató de que llegaría puntual a la cita. Al llegar al metro Miguel Ángel de Quevedo las puertas se abrieron y la gente que se apretujaba se derramó hacia la salida de la estación. Cruzó el pasillo y subió las escaleras, rápidamente detectó el restaurante que habían convenido. Antes de entrar descubrió al hombre, solo. Entró y se sentó frente a él.

—Aquí tienes —dijo el sujeto dándole un sobre cerrado.

—Gracias —dijo Paul y dejó caer unos billetes en la mesa.

—¿Has estado en Guerrero? —preguntó el otro.

—De paso, nunca para nada importante —respondió Paul.

—Vas a tomar un autobús hasta Chilpancingo y al llegar le preguntas a cualquier taxista cómo llegar a Chilapa. Normalmente me subo a uno y pago el traslado.

—¿Chilapa? —preguntó Paul extrañado.

—Sí, es un lugar colorido donde venden artesanías. Allí vas a contactar a Rutilo, en el sobre viene la información. No tienes de qué preocuparte, él anda en lo mismo que tú, está haciendo un trabajo para el patrón en Tierra Caliente. Dice Toscano que tú vas a retirarte y Rutilo será tu relevo.

—Así es.

—Fue un gusto conocerte, Paul, que todo salga bien.

Se pusieron de pie y el informante abandonó el restaurante.

Paul abordó un taxi y se dirigió a Coyoacán; le gustaba caminar en esos rumbos, entrar a un bar, ordenar unas copas de vino y ya entrada la noche, andar hasta llegar a su departamento a echarse en el sofá.

Era ya la madrugada cuando la pesadilla que había padecido días antes lo visitó de nuevo. Corría con la camisa ensangrentada perseguido por un grupo enardecido de hombres y mujeres indígenas que gritaban en su lengua palabras que él no entendía. Desesperado, se abría paso entre la maleza, de pronto tropezaba y dejaban caer sobre su cuerpo afilados machetes que lo destazaban en vida. Despertó de golpe y, todavía temblando, sudoroso, caminó a la cocina, abrió el refrigerador y bebió agua fría. Se sentó en el sofá, encendió un cigarro y fumó largamente.

# EL CONTACTO

Era miércoles y faltaban dos días para la entrevista, pero Paul había resuelto llegar antes para reconocer el lugar. Ahora, mientras aguardaba en la terminal la hora de salida, trataba de descifrar su sueño: debía tal vez abandonar ese trabajo, debía tal vez escapar con el dinero a algún lugar de Centroamérica, a Europa, comprar una casa vieja de madera, repararla y servir cerveza a los forasteros mientras escuchaba viejas historias, enamorar a una morena de cabello negro y largo, de boca sensual y caderas anchas, una de esas mujeres que tanto le atraían. Salió de tales reflexiones cuando anunciaron la salida de su viaje. Pasó al andén, revisaron la mochila que le servía de equipaje, abordó, ubicó su lugar y se sentó. Lento, el autobús inició el viaje; Paul recostó la cabeza y dormitó un rato. Despertó cuando el autobús pasaba por Iguala y dedicó unos minutos a la contemplación del paisaje: en algún sitio detrás de esas montañas se hallaba la casa de un ser humano a quien debía arrancar de su ámbito. Abrió el sobre que le entregó el informante y comenzó a leer las hojas que describían las características de la niña y la adolescente de las cuales debía adueñarse. Las horas volaron mientras memorizaba los datos, y antes de entrar a Chilpancingo hizo pedazos el sobre y el contenido. Pronto llegaron a la terminal y los pasajeros comenzaron a descender. Paul abandonó el autobús sin apresurarse, mientras se encaminaba a la salida encendió un cigarro, levantó la mano y detuvo un taxi.

Ordenó lo llevaran a cualquier sitio cerca del centro y el taxista lo dejó en calle Madero. Avanzó por un costado del edificio que alberga el Tribunal Superior de Justicia, se detuvo ante el ala izquierda de la catedral de Santa María de la Asunción y leyó la placa alusiva a la primera declaración del Acta de Independencia de México que se hiciera en esa ciudad el seis de noviembre de 1813. Luego se dirigió a los puestos de periódicos cobijados por los amplios portales y despúes al Museo Regional, donde se demoró contemplando los murales; al salir se detuvo frente a la estatua de un gallardo Morelos y leyó los *Sentimientos de la Nación*. Después examinó detenidamente el edificio del ayuntamiento y el antiguo palacio de gobierno, recurrió a un bolero para que le lustrara los zapatos, compró un raspado y el diario local y se refugió en uno de los cafés simplemente para observar la ciudad.

Por la tarde halló un restaurante y comió, obtuvo allí referencias de un hotel en calle Colón, se hospedó, durmió hasta el anochecer y salió a caminar. Cruzó las jardineras y se detuvo ante el monumento que descansaba en las paredes del Palacio de Cultura; curiosamente, la imponente figura de *El hombre hacia el futuro* apuntaba al lugar al que se dirigiría. Siguió andando por el Zócalo hasta llegar al andador Zapata y desembocar en la Alameda. Allí todo era más íntimo, las parejas se brindaban caricias en cada rincón oscuro. Se internó en los comedores de la preparatoria, ubicados a un lado del plantel, y preguntó por la combinación típica: pozole blanco y mezcal. Le recomendaron un lugar y siguiendo las instrucciones lo encontró con facilidad, se acomodó ante una mesa y ordenó el platillo y un mezcal. Le gustó el sabor amargo de la bebida y camino al hotel compró una botella.

De vuelta en su cuarto comenzó a tomar en soledad, quería dormir sin sobresaltos, embotado, sin siquiera soñar; ansiaba huir de sus pesadillas y lo consiguió. Cerca del fondo de la botella el mezcal lo anestesió. Comenzaban los rayos del sol a colarse por los intersticios de las persianas cuando despertó. Se hallaba tendido en el piso y la primera vez que intentó incorporarse sintió que no podía despegar la cabeza de la alfombra. Al fin logró levantarse, se quitó la ropa y se metió a la regadera bajo el agua fría. Vistiendo ropa limpia abandonó la habitación y en la recepción pagó su estancia. Desayunó en el restaurante del mismo hotel, dos jugos de naranja, huevos revueltos con longaniza y dos tazas de café fuerte.

Tan pronto salió a la calle detuvo un taxi y negoció para que lo llevaran a su destino. Había contabilizado noventa curvas cuando el arrullo del movimiento lo hizo dormitar. Era tal su cansancio que cuando el chofer le dijo que habían llegado a Chilapa no podía creerlo, hubiera jurado que solamente parpadeó. Se internó en el pueblo y quedó fascinado. El lugar parecía una pintura realista magistralmente plasmada, las estrechas calles se hallaban decoradas por los vivos colores de las artesanías. De vez en tanto se cruzaba con algún indígena que portaba una carga de maíz o atados de flores para la venta. Abundaban los bicitaxis. Dio fácilmente dio con el primer cuadro, donde en la Plaza de Armas se alzaba regia la catedral, con San Miguel resguardando la entrada. Ubicó una vieja casona arreglada que cumplía las funciones de hotel, pagó por adelantado la habitación, se aseó y apenas iniciada la tarde buscó un restaurante que había visto al llegar. Comió un par de chuletas de cerdo y, parsimonioso, bebió un jarro de café de olla. Contempló cómo el cielo comenzaba a nublarse y se sobrecogió ligeramente cuando un trueno sacudió el aire y la lluvia se desató. La neblina que caía sobre el pueblo como si se descolgara de las azoteas lo invitó a fumarse otro cigarro. Veía con delectación cómo las luces de las farolas brotaban lentamente mientras la luz del día se alejaba dando la espalda al poblado. Cuando el aguacero amainó Paul volvió al hotel, se desnudó y se refugió entre las sábanas. Pronto cayó en un sueño profundo.

La tarde anterior había dejado la instrucción de que lo despertaran y esa mañana lo expulsó del sueño el llamado a la puerta. Miró de reojo el reloj, que marcaba un cuarto para las diez. Se metió a la ducha y más tarde desayunó en el restaurante donde había comido. Después aguardó a Rutilo en la iglesia. No esperó mucho. El sujeto, muy joven, surgió de entre la gente que ocupaba las bancas. Era bajo de estatura, de complexión maciza y cabello oscuro y rizado. Se saludaron, echaron a andar y al cabo se acomodaron a la sombra en la banca de un parque. Paul fue puesto al tanto de las costumbres y tradiciones de Tlapa, de la fecha del tianguis, de los sitios concurridos, del temperamento de las personas.

—Los primeros días estaré contigo —le dijo Rutilo—. Te voy a llevar al lugar en donde me estuve quedando un tiempo, ya hablé con el señor. Nos iremos después de comer.

Comieron en una fonda y dos horas más tarde subieron al jeep de Rutilo y se echaron a la carretera. Al comenzar el viaje tocó a Paul llevar el peso de la conversación. Recomendaba viejos trucos propios de su perverso oficio, obsequiaba consejos útiles para la supervivencia y de vez en tanto intentaba un mal chiste. A todo Rutilo respondía, cuando respondía, con un monosílabo. Llegó el momento en que Paul se instaló en el silencio y dejó que la naturaleza apenas contemplada solazara sus sentidos. Disfrutaba el ruido de las aves, el verdor de la vegetación, los olores de esa tierra casi virgen gracias al abandono del hombre. En algún momento Rutilo abandonó la carretera y se adentró en una brecha. Cuando se detuvieron, ya la luz de la luna era la dadora de sombras. Bajaron del jeep y Rutilo tocó a la puerta de madera de una choza vieja.

—¿Esto es Tlapa? —preguntó Paul con extrañeza.

—No, son las afueras. Para llegar a Tlapa han de faltar unos veinte minutos —repuso Rutilo.

Un indígena mayor de edad, apenas entrevisto bajo la débil iluminación nocturna, mostró en una ventana el rostro desconfiado. Identificó a Rutilo y abrió la puerta. Los visitantes entraron y se sentaron en el suelo de tierra apisonada. Había un catre, una mesa y una silla, todo de muy humilde condición. Rutilo se apoderó de algunos sarapes y se los dio a Paul, quien, receloso, no dejaba de observar al anciano.

—No hagas caso, es inofensivo — murmuró Rutilo.

Envueltos en los sarapes, Paul y Rutilo se acostaron a dormir en el piso; el viejo se tendió en el catre y de un soplido apagó la vela. Para Paul fue muy difícil conciliar el sueño, no dejaba de perturbarlo la pesadilla que lo acosaba en los últimos días: la persecución a que lo sometían hombres y mujeres armados de machetes. A veces el sonido del viento colándose entre las rendijas de la choza lo ponía en alerta, con ganas de saltar sobre un enemigo invisible.

—No se preocupe, güerito —dijo el anciano—, es el amigo que va pasando.

—¿El amigo? ¿Cuál amigo?

—Así le decimos por aquí al maligno. Si lo llamamos por su nombre, se aparece. Ese sonido que semeja el viento, es él, que va silbando.

# IDENTIFICANDO EL TERRENO

El día siguiente entraron a Tlapa. A medida que se internaban en la ciudad su sorpresa se incrementaba, pues se apreciaban multitud de comercios de distintos giros. El dinero que llegaba allí desde "el otro lado" circulaba visiblemente; cuando los migrantes visitaban a sus familias traían modas y costumbres distintas, las cuales influían en la vestimenta, el habla y los gustos musicales de los jóvenes, no así entre la población mayor y los indígenas de diversas regiones. Paul y Rutilo se detuvieron a un costado del ayuntamiento y apagaron el auto. Antes de ir a cualquier otro lado Paul recorrió el mural que adorna el edificio municipal, que ofrecía un breve panorama de las raíces indígenas de aquellas tierras. Los dos forasteros cruzaron luego la explanada y por la calle Fonseca llegaron al tianguis El Jale, llamado así por el río que antes fluía entre aquellas venas de barro ahora requemadas por las llantas de los autos. En las marchitas márgenes se instalaba ahora ese mercado, un corredor enorme, a la vieja usanza, al que la mayoría de los indígenas asistía para comercializar sus productos. Por doquier se apreciaban totoles, gallinas y gallos corrientes, aves que sobreviven al tránsito de los taxis y de las combis. Paul no perdía detalle, tan atento iba a lo que sucedía en su entorno que no pudo evitar el encontronazo con un extraño. Desconcertado aún por el impacto, lo sujetaron dos tipos, se vio entonces frente a don Pascual, cacique indígena y mandamás de la región que vestía siempre ropa de manta. De joven, Pascual había recibido una bala en la pierna al intentar cruzar la frontera norte y desde entonces se apoyaba con un bastón para caminar. El cacique miró fijamente a Paul, le clavó el dedo índice en el pecho y dijo:

—Mucho cuidado, güerito —y siguió su camino. Paul le preguntó a Rutilo quién era ese personaje y Rutilo lo puso al tanto. Paul y su guía no demoraron en llegar a un tendejón ruinoso.

—Aquí se reúnen —dijo Rutilo—, basta con invitarles unas cervezas para que comiencen a hablar.

Paul ordenó un cartón de cervezas y lo depositó en la tierra, luego los dos malhechores se sentaron a beber en una banca de madera.

—¿Cómo es la gente de aquí? —indagó Paul.

—Difícil, hay que andarse con mucho cuidado.

—Lo de las niñas, ¿qué tan complicado crees que será?

—No va a ser cosa fácil, al menos ahorita.

—¿Por qué lo de *ahorita*?

—En Tlapa la prostitución infantil era visto como algo normal. Si esto se te hubiera ofrecido hace unos cinco años, no te habría costado ningún trabajo. La calle Heroico Colegio Militar era una feria de cantinas, llenas de prostitutas cuya edad no rebasaba los quince años. Fácilmente encontrabas niñas de diez años sirviendo las cervezas y atendiendo a los clientes, maquilladas hasta la exageración. Bastaba con arreglarse con el propietario para que te las vendiera. Eso facilitó mucho mi trabajo, me ahorré muchos problemas, pero llegó un nuevo presidente municipal y clausuró los lugares. Uno que otro que sigue operando, pero son muy pocos los que saben dónde están. Y como somos fuereños, no nos dirán nada.

—Un lugar de ésos no me hubiera servido de nada.

—No te preocupes, ya encontraremos algo.

Los dos hombres agotaron la cerveza y ordenaron otra ronda. En eso, un grito llamó su atención. "¡Síguele, pendeja!" Frente a ellos un hombre tundía a palos a una joven mujer que se cubría el rostro.

—¿Y este canalla? —preguntó Paul sin quitarles la mirada.

—Es Apolonio y su hija Carmen, la muda —informó Rutilo y dio un trago a la cerveza.

—Supongo que la trata así porque está manchada.

—Eso creo —dijo Rutilo, sin mostrarse perturbado.

Apolonio reconoció al compañero de Paul y se acercó. Rutilo le ofreció una cerveza y el hombre la aceptó. No le quitaba la vista al extraño.

—¿Quién es este güerito? —preguntó con desagrado.

—Un amigo mío, te lo encargo —respondió Rutilo. Paul no dejaba de observar a Carmen. Al darse cuenta, Apolonio, como si lo retara, se le acercó.

—¿Qué, güerito, te gusta? Si quieres llevártela, te la vendo.

Los fuereños intercambiaron miradas, pero ninguno dijo nada. Se hizo un silencio tenso, pesado. Apolonio terminó la cerveza, se alejó sin despedirse y tornó a golpear a la mujer.

Al ver que se acercaba un grupo de indígenas con los que estaba familiarizado, Rutilo fue sacando cervezas del cartón y ofreciéndolas a los indígenas que iban llegando. "Al menos lo primero va a ser más fácil que lo segundo", pensó Paul. Al poco rato, al calor de los tragos Paul comenzó a contar historias —falsas— de una guerra que jamás peleó y de un triunfo que nunca conquistó. Al poco tiempo se acercó un indígena cargando un costal casi sin elotes, acompañado por un hijo de rostro famélico cuyo cuerpo escuálido semejaba una delgada gota de carne. Rutilo le ofreció una cerveza al mayor y el vendedor de elotes, Nicolás de nombre, la aceptó y se acomodó en la orilla de la banca. Paul continuaba contando historias y pronto acaparó la atención del niño, que abría muy grandes los ojos emocionados. El niño, sin reprimir su curiosidad, preguntó a Paul por una ciudad que se hallaba "detrás de esos cerros". Paul, con exceso de imaginación, le dibujó una ciudad plateada llena de magia y muy atractiva. En algún momento se dirigió al infante.

—¿Cómo te llamas?

—Casiano.

—¿Qué edad tienes?

—Catorce años.

—Algún día iras allá y te darás cuenta de que no miento.

Pasado un buen tiempo Nicolás se levantó, se despidió y se fue con su hijo. Los fuereños y dos indígenas permanecieron un poco más, hasta agotar el cartón de cervezas. El propietario cerró el negocio y Rutilo y Paul volvieron en el jeep al refugio. En la noche cerrada entraron a la choza y cayeron al piso como bultos, en unos minutos empezaron a roncar. Abrieron los ojos con la primera luz del nuevo día cuando el humo de la leña que el viejo había encendido penetró en sus fosas nasales y les provocó una tos espantosa. Se lavaron la cara y las manos con el agua no del todo limpia contenida en un recipiente de barro, y a falta de otra cosa se peinaron con los dedos. Al salir de la choza dieron con un comal rebosante de tortillas.

—Este es uno de los lugares más pobres del país —comentó Rutilo, y comenzó a masticar una tortilla. Paul tomó también una tortilla y le dio un desganado mordisco.

Al cabo de un rato el viejo indígena se marchó. Paul y su compañero se sentaron en unos troncos caídos.

—¿Qué planes tienes? —inquirió Paul.

—Dejé un asunto pendiente en Tierra Caliente. Tengo que ir por una niña, asunto ya solucionado. Cuestión de ir y venir. Me esperaban ayer. De no ser porque venías, esa niña ya estaría en poder del patrón.

—¿Te seguirán esperando?

—¿Qué quieres decir?

—Me hicieron dos encargos. Para el primero ya detecté a la candidata, va a ser fácil. Pero voy a necesitar de tu ayuda.

—A ver, explícame.

—Como bien sabes tengo que conseguir dos mujeres, una de seis años y otra de quince. A una ya la identifiqué. Voy a comprar a Carmen, la mudita. Se ve que aquí no vale, su presencia no le preocupa ni a su mismo padre, lo cual me deja un margen considerable para conseguir a la menor. Con la más pequeña el cuento va a ser diferente, porque sea quien sea habrá reclamaciones, quizá problemas graves. En cuanto la consiga tendré que irme.

—¿Qué piensas hacer?

—Antes que nada, necesito que me digas cuando regresa el tal Apolonio.

—Viene los miércoles.

—Ah, pues ese día me voy apalabrar con él. Antes, haremos lo mismo que hoy, nos juntamos en el mismo lugar y les damos de beber. Y el día acordado para la entrega vas a tener que acompañarme. Iremos en el jeep, en el momento mismo en que me la dé, bajamos a Chilapa, no importa la hora.

—¿Y después?

—Después te la llevas junto con la que tienes que entregar de Tierra Caliente.

—No puedo, primero tengo que entregar a la calentana.

Paul torció la boca, meditó un momento.

—Está bien —dijo finalmente.

# YO SE LOS CUENTO

ientras subían apresuradas en medio de la lluvia torrencial, los pies curtidos y descalzos de la pequeña Concepción, de ocho años, y de su hermana Guadalupe, de seis, se hundían en el barro bajo el peso de las cubetas que colgaban de sus manos. Las dos miraban el suelo, recordando a la abuela. "Cuando suban al monte no miren hacia arriba, miren el suelo mientras caminan y cuando se den cuenta ya estarán arriba". El consejo parecía haberles servido porque en pocos minutos estaban en la cima. Hicieron una breve pausa, sonrieron y corrieron hacia la luz del foco diminuto que se vislumbraba apenas entre la densa neblina. Concepción se detuvo en seco y dejó escapar una sonora carcajada al ver que Guadalupe había caído al suelo. El lodo embarrado en la tez morena era mucho más oscuro que la piel.

—¡Bruja! ¡Pareces bruja, como doña Chona! —le gritó Concepción y echó a correr. Guadalupe, furiosa, se levantó de golpe y, sujetando la cubeta con las dos manos, mientras se iba internando en la neblina gritaba: "Te voy a aplastar la cabeza, te la voy a aplastar". Era tal su rabia que no vio la figura femenina en su camino, se estrelló contra ella y de nuevo fue a dar al suelo.

—¿Qué te pasa, mi niña hermosa? —preguntó la mujer.

—Conchis se burló de mí —dijo la pequeña.

—Ven —invitó la mujer tomándola de la mano.

—La cubeta, mamá, me falta la cubeta —indicó Guadalupe al tiempo que la levantaba—. No te vayas a enojar, se me cayó el agua.

—No te preocupes. De haber sabido que iba a llover de esta manera no las hubiera mandado al pozo. Hubiéramos llenado las cubetas con agua de lluvia.

Entraron juntas a una pequeña casa de madera con techo de lámina de cartón y piso de tierra. Sentada en un rincón estaba Concepción, todavía con la sonrisa en los labios. La madre, doña

Tita, dejó las cubetas afuera y entró a la casucha para atender a José, de doce años, y a Juan, de cuatro, quienes con fiebre muy alta yacían en los dos únicos catres que la familia poseía. Las niñas, en tanto, en otro ruinoso cuarto armaban una batalla arrojándose trozos de lodo que separaban de sus cuerpos. Finalmente, Concepción, que se hallaba frente a la pieza sin puerta, hizo una señal de tregua a su hermana y le pidió que se acercara. Guadalupe se sentó junto a ella.

—¿Te diste cuenta? —dijo Concepción

—¿De qué? —preguntó su hermana, extrañada.

—Mi mamá está llorando —señaló Concepción.

—Sí, es cierto —confirmó Guadalupe.

—¿Por qué será?

—No sé, a lo mejor por Pedro —sugirió Guadalupe.

—Puede ser —afirmó Concepción.

Las dos guardaron silencio cuando la madre salió del cuarto. La vieron meter las cubetas cargadas con agua de lluvia y vaciar el líquido en una olla que aguardaba sobre el fuego de leña. Después, doña Tita se sentó en una de las sillitas de madera, en silencio. Desde el piso, las hermanas pudieron ver cómo una lágrima resbalaba por su mejilla. Se incorporaron al mismo tiempo y se acercaron a la doliente. Concepción tomó las manos de su madre entre las suyas y las besó, mientras Guadalupe abrazaba una de sus piernas.

—¿Qué tienes, mamá? —preguntó Guadalupe.

—Nada, mi Lupe, nada —repuso su madre.

—Si es por lo de Pedro, no te preocupes. A las flores que corté no les pasó nada, las tengo guardaditas en un bote para que mañana se las llevemos —dijo Guadalupe.

Doña Tita la besó en la frente y haciendo un esfuerzo rodeó a las dos niñas con los brazos y las apretó contra su pecho. Estuvieron así un buen rato, hasta que el agua comenzó a hervir. Con una ligera palmada en la espalda mamá les indicó que deseaba levantarse y Concepción y Guadalupe se apartaron. Doña Tita se puso de pie, cogió cinco tazas de barro, puso en ellas hojas de limón y les vertió agua. Indicó a las niñas que se sentaran a la mesa y esperaran mientras daba de beber el té a sus hermanos. Pasados unos minutos doña Tita repartió dos bolillos partidos a la mitad.

—¿Y mi papá? —preguntó Concepción.

—Lo ha de haber agarrado el agua, hija —dijo la mamá.

—A ver si no llega borrachito —suspiró Guadalupe.

—¡Cállate! Es tu padre, no debes hablar así de él. Es hombre y puede hacer lo que quiera —replicó con dureza la mujer.

—Pero es que…

—¡Nada! Cállate y come tu pan —puntualizó enojada Doña Tita.

Comenzaron a cenar y casi al final la puerta se abrió de golpe. La figura ebria de Nicolás trastabillaba en cada intento por dar un paso. Su hijo Casiano, que más de una vez hacía las veces de bastón, no se separaba de él por temor a que el hombre cayera al suelo. Las niñas se levantaron y corrieron a besar la mano de Nicolás, él correspondió con un toque ligero en las mejillas y sin mirar a su esposa entró a su cuarto y se tendió en el petate. Doña Tita sirvió otra taza de té, le dio media pieza de pan a Casiano y se dirigió al cuarto donde reposaba el marido. Se sentó a su lado y con suavidad le quitó los huaraches. Los tres hijos observaban sobrecogidos.

—Hoy es el día, tenemos que apurarnos —exclamó de pronto Guadalupe. Se levantaron los tres y se acercaron a la ventana; sus cabecitas se veían graciosas contra la ventana.

—Todavía llueve —dijo Casiano.

—Sí, pero la lluvia no tardará en quitarse —comentó Concepción.

—¿Qué hacen? —preguntó la madre parada detrás de ellos.

—Estamos esperando que se quite la lluvia para subir al monte a ver la luna —se apresuró a decir Guadalupe.

En efecto, pasados escasos minutos la lluvia cesó. Doña Tita y sus tres hijos salieron de la choza y, andando un poco a ciegas entre la neblina, subieron un cerro pequeño. La madre tendió una vieja cobija en una porción de terreno apena húmeda y se sentó. Los hijos se acomodaron en torno suyo, compartiendo el olor a leña quemada del rebozo de mamá. De repente las nubes se desgarraron y dejaron apreciar un cielo claro y estrellado y la plateada redondez de la luna. Mudos, ensimismados, contemplaban el paisaje nocturno que les ofrecía el cielo despejado. En el aire que respiraban, a los olores del rebozo se sumaba el aroma a barro mojado que despedía la tierra.

—¿Qué hay detrás de esos cerros? —preguntó Guadalupe a doña Tita.

—No lo sé, hija, nunca he llegado tan lejos.

—Yo sí lo sé —intervino petulante Casiano.

—Entonces cuéntanos qué hay —lo retó Concepción.

El hermano, emocionado, respiró profundo antes de comenzar.

—Detrás de esos cerros hay ciudades enormes, con edificios tan grandes como estos cerros. Son hermosos y brillantes, como esa luna que estamos viendo. Hay muchas personas y camiones muy grandes que te llevan rápido a todos lados. Hay lugares donde curan a todos los enfermos, las casas son bonitas y el piso no es de tierra como el de nosotros.

Guadalupe escuchaba y sus ojos reflejaban una enorme ilusión.

—¿Cómo suben a esos edificios tan altos? —preguntó llena de curiosidad.

—Con unas cajas que suben y bajan. Lo único que tienen que hacer es apretar un botoncito y ya —explicó Casiano.

—¿Cómo lo sabes? —preguntó intrigada doña Tita.

—Nos platicó un señor en la tiendita en la que mi papá se junta con sus amigos. Viene de una ciudad que está detrás de esos cerros —repuso el niño con inocencia.

—¿Quién es ese señor?

—No sé, yo nunca lo había visto. Le dicen Güero, tiene la piel blanca como la leche y habla muy chistoso —dijo sonriente Casiano.

Su madre ya no dijo nada y de nuevo posó la mirada en el cielo. Guadalupe se recostó en su seno, soñando con las grandes ciudades llenas de edificios que brillaban como la luna. Más tarde, cuando los venció el cansancio, bajaron a la choza y se acostaron en el piso. Doña Tita entró a darle una mirada a Juan y a José, y al revisarlos se dio cuenta de que la temperatura había bajado. Se arrodilló entonces frente a la imagen de la Guadalupana iluminada siempre por una vela y le agradeció sus favores, y luego fue a acostarse en su petate. Comenzaba a dormirse cuando unos deditos acariciaron su espalda. Reconociéndolos, los enredó con los suyos y se dio vuelta para hablar con la niña: era Guadalupe, quien casi todas las noches se acurrucaba con ella.

—Mamá —susurró Guadalupe—, ¿me puedes dar mi muñeca?

Doña Tita le dio una muñeca de trapo que la niña acomodó en su pecho.

—¿Me quieres, mamá?

—Mucho, hija, no puedes imaginarte cuánto —la besó en la frente y se durmieron.

# GRACIAS POR EL CONSEJO

La mañana era fresca, el sol comenzaba a elevarse en el firmamento. Sobre el montículo señalado con una cruz bajo el cual descansaban los restos de Pedro, las manos de Guadalupe diseminaron un atado de flores blancas. Nicolás, de pie, observaba a sus hijas y a su mujer limpiando la maleza que amenazaba con ocultar la tumba. El alcohol ingerido la noche anterior alborotaba sus neuronas y refrescaba los recuerdos acumulados en su memoria. Era como si todo hubiese ocurrido un día antes —así evocaba Nicolás los hechos—, y se figuraba los momentos en que Pedro, su primogénito, que a estas alturas tendría dieciséis años, se fue para siempre. El niño jugaba entre la maleza con sus hermanos y a fin de asustarlos se ocultó detrás de un árbol seco, esperando que uno de ellos se acercara, y hallándose Pedro recostado en el tronco, un alacrán le cayó en la espalda. Pedro pegó un gritó, y en la desesperación por arrancarse el bicho solo consiguió que el alacrán le inyectara su veneno fatal. Nicolás llegó a la carrera, le arrancó la camisa de manta y lo acostó en el suelo. La madre encontró el alacrán deshecho en la camisa y de inmediato corrió a su casa por un par de huevos y unos ajos.

—¡Mételo a la poza! ¡Mételo a lo poza! —gritaba doña Tita mientras corría hacia la cabaña sintiendo que una fuerza atroz le golpeaba las entrañas.

Nicolás cargó al pequeño entre sus brazos y, llorando tal como lloraba doña Tita, bajó a la poza y sin soltar a Pedro lo metió al agua. El niño comenzó a convulsionarse, la lengua se le había ennegrecido, su boca comenzó a expulsar una espuma sucia, amarillenta, y su cuerpo se retorcía como si así pudiera librarse del veneno.

—¡Aquí traigo las cosas! —escuchó Nicolás a su mujer. Percibió unos débiles golpes en la espalda y se dio vuelta.

El cuerpo de Pedro ya no se movía. A doña Tita le bastó mirarlo para darse cuenta que su hijo había muerto. Nicolás cayó de rodillas, su mujer lo abrazó. Nicolás derramaba silenciosas lágrimas. Así permanecieron largo tiempo, ausente la esperanza. Allá no había médicos ni clínicas ni medicamentos. El poblado más cercano estaba a tres horas a pie, y allá también carecían de médicos y clínicas y medicamentos y aparatos para sanar a la gente.

De golpe, gracias a las palabras de su mujer que le avisaban el final de la limpieza de la tumba, Nicolás volvió de aquel recuerdo. La familia entonces inició una oración para despedirse de Pedro y después todos se marcharon al hogar.

Casiano, quien se había quedado en casa para cuidar de José y Juan, aguardaba en la puerta. Nicolás le ordenó que lo acompañara a buscar leña. Doña Tita entró con las niñas, molió un poco de café y revisó a los enfermos, que mostraban mejoría. Luego bajó a la poza a lavar los escasos trastes. A su vuelta Nicolás ya había encendido la lumbre y doña Tita cocinó unos huevos y preparó tazas de café. Después del desayuno Nicolás besó a sus hijos y se despidió con sequedad de su esposa. Con rencor, doña Tita lo miró alejarse. Luego recogió los platos, los lavó y de nuevo acudió a ver cómo estaban sus hijos pequeños. Toda esa mañana estuvo muy callada.

Mientras Concepción, Guadalupe y Casiano jugaban afuera, doña Tita se sentó en un rincón y echó a llorar. Absorta en su dolor, no se percató de que Guadalupe había entrado a la casa. La niña, al ver que su madre sufría se acercó y le echó los brazos al cuello.

—¿Qué tienes, mamita?

—Nada, mi niña, no es nada.

—¿Es por mi hermano Pedro?

—Sí, hija, lo extraño.

—No estés triste, mamá, no estés triste. Acuérdate, tú me dijiste que está con la virgencita y desde allí nos cuida. Si te ve así se va a poner muy triste.

—Tienes razón, hija.

—¡Mamá! ¡Mamá! —Concepción había entrado a la carrera y anunció una visita—. Viene doña Chabe, mamá, viene a verte.

La madre y las dos hijas salieron de la casa. Doña Chabe, una mujer grande, de complexión robusta y tez morena, ascendía trabajosamente, auxiliada por Casiano, que cargaba la gran bolsa de plástico de la señora.

—¿Cómo te va, Tita? —saludó la vieja señora cuando su respiración se normalizó.

—Qué milagro, doña Chabe. Pase, pase usted a la casa.

—Gracias, hija, gracias, quiero sentarme un rato, ya me fatigo mucho.

—Niñas, váyanse a jugar. Voy a platicar con doña Chabe.

—Sí, mamá, pero ya no llores —pidió Guadalupe.

—¿Cómo? ¿Estabas llorando? —preguntó Chabe alarmada.

—¡Sí, doña Chabe! ¡A lágrima viva! —gritó Guadalupe delatando a su madre.

—¿Por qué llorabas, mamá? —era Casiano quien preguntaba.

—¡Por nada! — gritó molesta doña Tita—. ¡Lárguense de aquí!

Los tres menores salieron corriendo de la casa y sin que su madre se diera cuenta se acercaron a la ventana. Doña Chabe, con la seguridad de que nadie las escuchaba, no pudo eximirse de preguntar qué ocurría. Doña Tita suspiró.

—¡Qué bueno que vino! ¡Dios me la mandó, doña Chabe!

—¿Pues qué pasa?

—Se trata de Nicolás, creo que anda en malos pasos.

—¿De qué hablas, mi niña?

—Es que desde hace tiempo no me hace caso, ya no me toca ni... ni nada.

—¿Qué te ha dicho, o qué?

—Ahora verá, doña Chabe. Antes, cada que se iba de borracho llegaba y me quería manosear. Yo me resistía y entonces él me pegaba y me jaloneaba hasta que se me podía montar. La última vez, usté se ha de acordar, me dejó coja cuando me pego con un leño. Se acuerda, ¿verdá?, porque usté me curó. Ahora nada más llega, cena, me da un beso y se echa en la cama, y cuando me quiere tocar y me niego nada más se ríe y me da la espalda. Creo que ya no me quiere, doña Chabe.

—La mera verdad, hija, eso de que tu marido no te quiera ni pegar sí es grave, y más si te quiere montar y le dices que no. Si yo le digo a mi viejo que no, capaz que... Yo no me atrevo ni a contestarle, ya me veo con la cara volteada de un cachetadón. ¿Y qué has pensado hacer, hija?

—No sé, doña Chabe, a veces pienso que es por lo de Pedro. De la pura tristeza se fue a buscar otra vieja.

—Puede ser, hija, pero si es por eso ni te acongojes. El hombre es hombre afuera de la casa y puede hacer lo que quiera. Ya ves, mi viejo luego se va y se pierde con las güilas, pero eso no me importa porque siempre regresa. Tú nada más hazte la disimulada. A ver, ¿te acuerdas de cuando eras niña? ¿A poco tu mamá le preguntaba a tu papá dónde andaba?

—No, doña Chabe, nunca.

—Pues allí tienes. Si peleamos con ellos les chocamos, y entonces sí se van para siempre con las güilas o a saber con quién. Además, hay que respetarlos porque son los padres de nuestros hijos, y si los contrariamos y les acabamos la paciencia entonces sí nos pueden dar una buena chinga.

—He estado a punto de irme tras él —dijo Tita enfurruñada—, pero aquí con los chamacos no puedo, no voy a dejarlos solos.

—¡No, mi niña, ni se te ocurra! Una vez seguí a mi Jacinto hasta el pueblo y allí lo vi que se metió a un cuarto con unas güilas. Y que me meto detrás de él y allí estaba quitadito de la pena sobándole las piernas a una vieja.

—¿Y qué hizo usté, doña Chabe?

—Pues me le fui encima gritándole. ¡Jacinto, méndigo, desgraciado!

—¿Y él qué?

—Pues nada, me dio un tremendo trancazo en la cara que me tiró al suelo. Y antes de que pudiera levantarme me agarró a patadas y jalándome de las greñas me echó a la calle.

—¿Nadie la defendió?

—Al contrario, le gritaban que me pegara más para que me educara. Fue mi culpa, eso me saqué por andar de fisgona. Bien decía mi tata: ¡las mujeres en su casa! Como la escopeta, cargadas y paraditas detrás de la puerta. Además mi viejo tenía razón, esos lugares son para las pirujas y nada tenía que estar haciendo allí. Así que no te recomiendo que lo andes espiando. Aquí estás bien en tu casita. A ver, ¿qué harás si lo hallas con otra? Una mujer no puede hacer nada sola, a fuerza necesitamos de un hombre. Y no se te olvide que estás jurada ante Dios para él.

—Ay, doña Chabe, pues sí, tiene razón. Muchas gracias por sus consejos.

—De nada, mi niña, de nada. ¿Y ahorita dónde anda?

—Fue a cortar el elote que luego lleva a vender al tianguis.

—Pues ya no debe tardar.

—No.

—Me voy, mi niña, ya no estés triste.

Doña Chabe se levantó y doña Tita la encaminó a la puerta. Allí se despidieron, seguidas siempre por las miradas absortas de sus hijos. Cada una de las palabras de esa conversación había quedado en la mente del niño y las dos niñas.

# CARMEN

Por la tarde llegó Nicolás cargando los costales de elote, los colocó en el piso y se quitó el sombrero viejo de palma, echó un vistazo al cuarto de los hijos y al descubrir que José y Juan tenían abiertos los ojos se sintió reconfortado. Se sentó a la mesa con Casiano mientras su mujer echaba las tortillas y Concepción y Guadalupe las llevaban a la mesa. Tomó un chile verde y lo reventó en la masa cocida, comenzó a comer con lentitud mientras dejaba vagar la mirada por la ventana. Ni siquiera se dio cuenta de que las demás sillas ya estaban ocupadas. Doña Tita posó su mano sobre la de Nicolás intentando hacer contacto. Él reaccionó, acarició la mejilla de su esposa y le sonrió; luego preguntó por la salud de José. ¿Creía ella que se recuperaría pronto? Don Pascual quería que le rentara a su hijo para trabajar en sus tierras; el pago era mínimo, pero cuando menos les serviría para bajar a comprar leche y frijoles en Tlapa.

—En unos tres días —respondió doña Tita.

Terminaron de comer, tomaron té y salieron con los hijos a verlos jugar, luego de un rato se fueron a dormir.

—Vamos a cenar lo que cena la iguana.

—¿Qué cena la iguana, papá?

—Puro aire —respondió Nicolás.

Era de madrugada cuando se echó los costales a la espalda, salió de la casa e inició la larga jornada rumbo a Tlapa. Al llegar al poblado tomó su lugar en el piso y tendió sus elotes. Declinaba ya la luz del día cuando levantó con entusiasmo sus costales vacíos y se echó a caminar por el pueblo. Al pasar por la tienda de abarrotes se encontró con Ignacio y se detuvo a saludarlo.

—¿Qué haces, Nacho?

—Esperando al Apolonio. Va a dar a la Carmen y después vamos a festejar.

—¿Quién es el tarugo que se la va a llevar? —indagó Nicolás.

—El Güero. Ya se apalabraron —repuso Ignacio.

—Pues si quieres te acompaño a esperarlo y mientras nos echamos una cervecita.

Ignacio asintió, compraron las cervezas y se sentaron a esperar. El primero en llegar fue Paul, acompañado de Rutilo. Nicolás e Ignacio se pegaron a la pared para hacerles espacio.

—¿Dónde está Apolonio? —preguntó Rutilo.

—No sabemos —dijo Ignacio de manera tajante.

—¿No se irá a rajar? —dijo burlón Rutilo.

—No, señor, nosotros no nos rajamos —intervino Nicolás, y al decirlo acariciaba su machete.

Paul, al ver el arisco recibimiento, sugirió a su compañero que se callara. Los cuatro hombres permanecieron un rato en silencio y poco después llegó Apolonio con su hija, quien por tradición caminaba detrás de él.

—Aquí está. Deme el dinero —exigió Apolonio a Paul.

—Cálmate, cálmate —dijo Paul, y con una seña le ordenó a Rutilo que revisara a la muchacha.

Al acercársele Rutilo, Carmen retrocedió instintivamente. Una noche, a sus trece años, cuando regresaba del tianguis, pasó por una caseta donde tres sujetos de una constructora se emborrachaban. Al ver que la pequeña Carmen iba sola comenzaron a rodearla. Viéndose hostigada Carmen apretó el paso, pero un fuerte tirón la detuvo en seco. Intentó gritar, pero le metieron un trapo en la boca para silenciarla y la violaron uno tras otro hasta hacerla perder la conciencia. Al final, la arrojaron a la barranca, donde fue encontrada el siguiente día.

Tres semanas permaneció la niña hundida en una enorme depresión. No quería comer y su madre tenía que obligarla, metiéndole casi los alimentos en la boca. Un día, al fin, a señas trató de hacer entender a sus padres quiénes eran los responsables. Su padre respondió con un bofetón. "Deberías tener vergüenza. Eso te pasó por andar de ofrecida, solo las pirujas andan a esas horas fuera de su casa. Ahora nadie te va querer, ya no vales nada".

Carmen ardía de ganas de articular palabras. Quería arrojar a la cara de su padre el asco que sentía. Difícilmente se contuvo. Él era el hombre y al hombre no se le replica. Y ahora que aquel extraño se acercaba dispuesto a tocarla, ella retrocedía, se negaba, deseaba huir. Al advertir el rechazo, Apolonio, su propio padre, la sujetó de los brazos y la ofreció a los compradores.

Paul sacó un fajo de billetes que le tendió a Apolonio.

—Ten. Son dos mil pesos.

—¡En eso no habíamos quedado, cabrón! —rugió Apolonio y se llevó una mano al machete.

—Pues si no te parece, llévatela de regreso. Bien sabes que tu Carmen no vale siquiera esta cantidad. Está manchada y quedada, ni siquiera una gallina te darán por ella.

Barajó los billetes en la cara de Apolonio y se los echó a la bolsa. Apolonio lo pensó un breve momento. Ese hombre tenía razón, las costumbres locales dictaban que una mujer que no se casaba antes de los dieciséis era una quedada, razón por la cual algunos indígenas matrimoniaban a sus hijas desde los doce o trece años. Por una mujer de esa edad y rigurosamente virgen, los padres podían exigir una muy buena dote.

—Está bien, Güero —consintió Apolonio—, llévatela. Y si se pasa de canija, dale sus chingadazos.

—No te preocupes, la voy a cuidar —puntualizó Paul.

Tomó a Carmen de la mano y, casi arrastrándola, la condujo al jeep, la hizo subir a la parte trasera y se fueron de allí. Apolonio, quitado de la pena, contó y recontó los billetes y se dirigió a sus amigos, que habían observado la escena.

—¡Vamos, amigos, les voy a invitar unas caguamas! ¡Ahora sí tengo para comprar mis animales!

Los amigos y él, ya provistos, se sentaron en unas piedras y comenzaron a beber. Al cabo de algunas caguamas Nicolás le preguntó a Apolonio.

—¿Qué te dijo tu mujer sobre lo de vender a la Carmen?

—¡Nada! ¿Qué podía decirme? El hombre soy yo, mis hijos son míos y puedo hacer con ellos lo que quiera. Si el problema es un chamaco, pues le hago otro y se acabó. Y ya verás que gran ayuda vamos a tener con este dinero —concluyó.

Los amigos bebieron un largo rato. Bien entrada la noche, Nicolás, muy cansado, se retiró y al borde del amanecer entró a su choza. Echó una mirada a sus hijos enfermos y antes de acostarse se quedó observando a sus hijas. Al fin lo venció el sueño.

Lejos de allí, Rutilo manejaba con extremada precaución a través de un lodazal. La crecida maleza y una profunda oscuridad dificultaban el camino. A su lado, Paul guardaba silencio y de vez en tanto miraba de reojo a Carmen, que viajaba con la cabeza gacha. El barullo de ciertas aves y de algunos animales comenzó a poner nervioso a Paul, quien no lograba evitar que su sueño volviera a flagelarlo.

—Apresúrate —le dijo a Rutilo. Sentía sobre los hombros el peso de los hombres que cotidianamente lo acosaban en las pesadillas.

Rutilo no se preocupó por acelerar. Lo único que hizo fue abrir la guantera, de la cual cayó sobre las piernas de Paul una botella de mezcal. Sin pensarlo, Paul la destapó y le dio un trago mayúsculo, y otro, y otro. Batallando con sus demonios internos, perdió la noción del tiempo y se sintió aliviado cuando el auto llegó al camino asfaltado, más aliviado cuando descubrieron las primeras casas de Chilapa. Paul propuso que se hospedaran en el hotel al que él había llegado, de modo que Rutilo manejó hasta el centro y se estacionaron. Paul bajó del jeep y llamó a la puerta. El recepcionista lo reconoció y recordando la propina generosa abrió al instante.

—Ahora somos tres, así que necesito dos habitaciones. Una para él y otra para nosotros —dijo Paul sujetando a Carmen.

El joven entregó las llaves y guio a los huéspedes por los pasillos. Sin cruzar palabra, los dos hombres entraron a sus cuartos. Rutilo, en cuanto cerró la puerta, sin siquiera quitarse los zapatos se dejó caer en la cama. En la otra habitación Paul ató a Carmen a la cama con una sábana y se sentó frente a ella para vigilarla. Así permaneció largo rato, hasta que lo venció el agotamiento. Lo despertaron las leves bofetadas del sol sobre el rostro, y en cuanto abrió los ojos la realidad se le manifestó de golpe: allí estaba Carmen, dormida, echada sobre la cabecera de la cama. La delgada blusa de la muchacha transparentaba la forma de su pecho y Paul se quedó mirándola fascinado. Tan penetrante resultó su mirada, que Carmen salió del sueño, y Paul, al verse descubierto, se puso de pie y se dirigió al baño para refrescarse bajo la ducha. Salió del baño y sin pudor alguno se paseó desnudo frente a Carmen y se vistió con calma. Lentamente deshizo los nudos que ataban a la muchacha y abandonaron el cuarto. En la recepción el joven encargado entregó a Paul un recado.

—Lo dejó hace un momento su compañero —le dijo a Paul, quien leyó que Rutilo lo esperaba en el restaurante donde habían comido anteriormente. Sujetó con fuerza a Carmen y fueron al encuentro de Rutilo.

—Acabo de llegar —dijo Rutilo—, ni siquiera he ordenado.

—Qué mejor, así ninguno tendrá que esperar al otro —dijo Paul.

Se presentó la mesera y Rutilo pidió su desayuno. Paul ordenó lo suyo y lo de Carmen.

—¿Qué sigue? —preguntó Rutilo.

—¿Tienes manera de llegar a Chilpancingo sin auto? —repuso Paul con otra pregunta.

—Sí. El único inconveniente es que si voy a dejar a Carmen a México perdería mucho tiempo, y tú sabes lo valioso de ese factor en este negocio —expuso Rutilo.

—No hay problema. Te pregunté si podías llegar a Chilpancingo sin el auto porque voy a necesitarlo para devolverme y cumplir con el otro encargo —explicó Paul.

—En cuanto al auto no hay problema. El problema es el que te acabo de mencionar —insistió Rutilo.

—De eso yo me encargo.

Paul se apartó e hizo una llamada que no demoró ni dos minutos.

—Resuelto. Toscano irá a Chilpancingo por ella, me dice que anda por Taxqueña. Se informará de la hora de la próxima salida y le llamaré de nuevo en cuanto terminemos de desayunar.

—¿Por qué no viene en auto? —interrumpió Rutilo.

—Porque si uno se mueve en auto es más fácil que lo identifiquen.

—¿No crees que ella pueda dar problemas? —cuestionó nuevamente Rutilo.

—Si no lo hizo entre su gente, menos lo va a hacer estando sola, no es tan tonta.

La conversación concluyó cuando la mesera llegó con los platillos. Los hombres desayunaron sin prisas, en cambio Carmen literalmente arrasó con lo servido. En cuanto liquidó su desayuno, Paul se levantó de nuevo para llamar a Toscano.

—Saldrá a las doce y media y harás contacto con él en Chilpancingo —dijo Paul al volver a la mesa—. Te estará esperando en la terminal para que hagas la entrega.

—Tenemos tiempo —comentó Rutilo mirando el reloj.

Conversaron de asuntos intrascendentes hasta las doce y media, entonces regresaron al hotel por las maletas y a la una se despidieron.

—¿Regresarás hoy a la montaña? —inquirió Rutilo.

—No, tengo que esperar que Toscano llegue a México y me llame para decirme que todo salió bien. Voy a quedarme en el hotel, ya le di el teléfono —dijo Paul.

—Pues cuídate mucho —pidió Rutilo, y se despidieron.

Paul no pudo evitar lanzarle a Carmen una mirada que la siguió hasta que ella y Rutilo se perdieron de su vista. Después fue a una tienda del centro a comprar una botella de tequila y dos cajetillas de cigarros. Retornó al hotel y se encerró en su habitación luego de dar indicaciones para no ser molestado hasta que Toscano llamara. En el fondo temía la soledad, se le enchinaba la piel solo de imaginar que los demonios de sus pesadillas pudieran asaltarlo, volverlo loco. El consumo de grandes cantidades de alcohol le ayudaba a soportar ese tormento.

Rutilo llegó a la terminal de Chilpancingo a las tres cuarenta. Durante el trayecto Carmen no mostró interés en contemplar el paisaje, no deseaba ver nada, la sensación de contemplar lugares desconocidos no le agradaba. Tenía miedo de alzar la cara, imaginaba que, de hacerlo, un puño se estrellaría contra su rostro.

A las cuatro en punto Toscano, sin equipaje, apareció en el andén de llegada. Él y Rutilo se saludaron con poco afecto y de manera fría Toscano le preguntó a Rutilo por la muchacha. Rutilo asintió y el otro dio media vuelta y se dirigió a la taquilla. Volvió con tres boletos y tomó de la mano a Carmen.

—Gracias. Nos vamos los tres, saldremos a las cuatro y media —dijo Toscano en tono imperativo.

—¿Los tres?

—Sí, los tres. Hay otro trabajo para ti.

Ingresaron a la sala de espera. Dentro, Carmen veía de reojo la cicatriz de Toscano. Al percatarse, Toscano la tomó de la mandíbula.

—Esta marca me la hizo una india como tú cuando quiso escapar. Pero no es nada en comparación con la que yo le hice.

Carmen, atemorizada inclinó la cabeza. A la hora de partir, cruzaron la sala y abordaron el autobús. Una vez iniciado el trayecto, Toscano comenzó a mirarla lujurioso. Fijó la vista en el escote de Carmen y apretó uno de los senos. La muchacha se pegó a la ventana y se llevó los brazos al pecho. Toscano sonrió, se reclinó en el asiento, colocó una mano en las piernas de la muchacha y se durmió. Lo despertó el movimiento de la gente que descendía del autobús. No tenía ninguna prisa, así que esperó que todos bajaran y después, sin soltar a Carmen, abandonaron el autobús. Afuera los esperaba un auto. Toscano ocupó el asiento del copiloto y a la adolescente la acomodaron en el asiento trasero, entre dos sujetos. Uno de ellos le vendó los ojos. Al ser cegada ella emitió un quejido.

—Calmada —le ordenó uno de los tripulantes. Luego, los dos que la flanqueaban la asieron de los brazos. Toscano tomó su celular y llamó al hotel donde Paul se hospedaba. Enterado de que el rubio dormía, dictó una breve nota al recepcionista y colgó. En el asiento trasero, Carmen, que no imaginaba su destino, se ahogaba en una efusión de lágrimas.

En Chilapa, Paul, tirado en la cama, había bebido ya media botella de tequila. Escuchó el ligero roce de algo que deslizaron bajo la puerta y se levantó. Recogió la hoja de papel y leyó: "Hemos llegado a México". Se apoderó de la botella y siguió bebiendo hasta que agotó el líquido y de nuevo se durmió. El día siguiente pagó la cuenta, subió al jeep y manejó hasta la casa del anciano, en las afueras de Tlapa.

# SEIS MIL PESOS

Su cuerpo era sacudido y no entendía por qué. La resaca, el sueño y el agotamiento habían mantenido su humanidad en el letargo.

—Nicolás... Nicolás —escuchaba. Se talló la cara, abrió los ojos y reconoció a doña Tita envuelta en un rebozo—. Levántate, los niños, algo les está pasando.

Se incorporó rápidamente y se acercó al catre. Vio que los cuerpos de José y de Juan temblaban por la fiebre, sus pupilas estaban dilatadas. Decidieron bajar a Tlapa y ver don Pascual para que les ayudara. Nicolás llamó a sus otros tres hijos mientras doña Tita arropaba a los enfermos. Escasos minutos después estaban listos para partir.

Al frente marchaba Nicolás con Juan a cuestas, doña Tita montaba un burro y llevaba en brazos a José. Detrás de ellos formaban una fila Casiano, Concepción y Guadalupe. Durante el trayecto entonaban íntimas plegarias. A la mitad del camino comenzó a caer una llovizna que les sirvió para disfrazar las lágrimas. Era de noche cuando llegaron a Tlapa, atravesaron el pueblo y llegaron a la casa del cacique. Llamaron a la puerta y enseguida fueron atendidos por Tomás a quien le solicitaron hablar con el patrón. El hombre se retiró y en unos instantes volvió a la puerta. Les dijo que don Pascual los atendería y los llevó a un corredor cercano a las habitaciones privadas. Aguardaron un momento y apareció el patrón. Al ver el triste cuadro familiar preguntó qué pasaba. Los padres, sin perder tiempo, lo pusieron al tanto de los problemas de salud de los niños y del motivo de la visita.

—Mira, Nicolás, podrás pagarme con trabajo, pero de nada te va a servir si tus hijos no se recuperan. Será mejor que primero los vea mi médico, a ver qué dice —propuso don Pascual, y Nicolás asintió. El señor mandó traer al médico, quien después de valorar a los niños insistió en la necesidad de llevarlos a la capital.

—Son casos graves, don Pascual. Puedo atenderlos esta noche, provisionalmente, pero mañana deben llevarlos a la capital, de lo contrario van a morir. Es una infección severa —dijo el doctor.

Don Pascual se frotó el rostro. Sus dos vehículos habían volcado hacía poco y solo uno de ellos estaba funcionando, pero los gastos de la reparación lo habían dejado sin efectivo y solo hasta dentro de tres días recibiría dinero. Esto le fue explicado a Nicolás y a su familia.

—Lo que único que puedo hacer por ti es prestarte el carro y un chofer para que mañana te lleve, pero no te puedo prestar dinero porque no lo tengo —dijo don Pascual.

—Está bien, señor, ya veré qué hago. doctor, ¿Cómo cuánto necesitaré?

—No sé, señor, cinco o seis mil pesos —dijo el galeno.

—Bueno, por lo pronto se pueden quedar aquí a dormir, y mañana te llevas solamente a los enfermos, porque en el carro no van a caber todos —intervino Don Pascual.

—Está bien, señor —dijo Nicolás.

La familia fue trasladada a un amplio cuarto de adobe, les llevaron unas piezas de pan y unos vasos de leche y después de cenar, todos los niños, a excepción de Guadalupe, se tendieron a dormir. Al darse cuenta, doña Tita se acercó a ella.

—¿Qué tienes, hija? —preguntó dulcemente.

—Me hace falta mi muñequita —respondió la niña.

La madre sacó la muñeca de trapo de entre sus ropas y se la dio. Guadalupe sonrió de felicidad y abrazó muy fuerte la humilde muñeca, luego se fue a acostar. Doña Tita se dio vuelta y en la penumbra sus ojos encontraron al marido, que estaba recargado en el marco de la puerta. La mujer se le acercó por la espalda y lo rodeó con los brazos. Él, en respuesta, entrelazó sus dedos con los de ella. Transcurrido un tiempo Nicolás se dio cuenta de que doña Tita ya se hallaba al lado de sus hijos. Desesperado y llorando de impotencia decidió salir a caminar al pueblo. Era casi las nueve de la noche cuando a lo lejos vio una luz y desde aquel sitio le llegaron sonoras carcajadas. Lleno de curiosidad se acercó al punto iluminado y descubrió un grupo de campesinos que, sentados en el piso, bebían y conversaban. Entre ellos destacaba la rubia catadura de Paul, quien contaba anécdotas que hacían reír a los demás. Al ver a Paul, Nicolás recordó lo ocurrido con Carmen.

—¡Ven amigo! —exclamó Paul al descubrirlo.

Nicolás se acercó con desconfianza, aferrado a su sombrero. Uno de los hombres le tendió una cerveza y la aceptó. El grupo continuó bebiendo y charlando hasta que don Martín los echó de la tienda. Sin mostrar prisa los campesinos se fueron retirando, hasta que Nicolás y Paul quedaron solos.

—¿Qué te pasa, Nicolás? ¿Por qué tan callado?

—Por nada, no me pasa nada —dijo Nicolás evasivo.

—La gente no se pone así por nada. Algo te ocurre.

—Pues… pues es que tengo a mi José y a mi Juan muy enfermos.

—Pues llévalos al doctor.

—Es que… no tengo dinero.

—Qué pena Nicolás, cuánto lo siento. Nos vemos.

Paul le dio la espalda y se fue alejando. Nicolás lo observaba y apretaba el sombrero, quería decirle algo a ese hombre, pero no lo lograba. Había en su garganta un nudo que le impedía articular palabra alguna. Con los ojos húmedos veía alejarse más y más al rubio y cuando aquel hombre parecía perderse en la oscuridad, Nicolás no se pudo contener y pegó un grito:

—¡Tengo dos hijas!

Paul se detuvo en seco y se dio vuelta. "¡Tengo dos hijas!", clamó de nuevo Nicolás, apretando aún más el sombrero. Paul caminó de regreso y se detuvo frente al campesino.

—¿Cuántos años tienen? —preguntó.

—Seis años una, ocho la otra —respondió Nicolás.

—Mira, lo más que te puedo dar son cuatro mil pesos. Como bien sabes, acabo de comprar a la Carmen y tengo poco dinero.

—Mis hijas valen más, están sanas y son bonitas. Además, necesito seis mil pesos, no cuatro mil.

—Tráeme a la mayor, quiero verla. Ya veremos si me animo.

—¿Ahorita? ¿Ahorita mismo?

—Ahora mismo, porque mañana me voy —mintió Paul para presionar.

—¿Adónde te la vas a llevar? —preguntó Nicolás.

—A la ciudad. Ve por ella, se está haciendo tarde.

Cerca de la medianoche llegó Nicolás al cuarto donde reposaban sus hijos. Como un ladrón se deslizó entre las sombras, pisando con cuidado entre los cuerpos se dirigió a las niñas, sigiloso se acercó a Guadalupe. Sudaba copiosamente y el sudor le había empapado la ropa. Se sentía mal, intranquilo, nervioso, pensaba que cualquier ruido lo delataría. Y a la vez lo dominaba la obsesión de salvar a sus hijos enfermos a costa de cualquier sacrificio.

Cuando levantó a Guadalupe, la niña reaccionó con leves movimientos y un cambio en el ritmo de la respiración. Para calmarla, la besó en la frente. Salió cruzando el jardín y una vez afuera de la propiedad echó a correr como un loco. Agitada por la brusquedad de la carrera, Guadalupe, asustada, preguntó a Nicolás qué ocurría. Él, sin darle una respuesta, selló con una mano la boca de la pequeña y siguió corriendo. Solo se detuvo cuando sintió que se hallaba a distancia segura de la casa.

—¿Qué pasa, papá? —preguntó nuevamente Guadalupe.

—Nada, hija. Voy a llevarte a que conozcas a un amigo mío —mintió para tranquilizarla.

—¿A estas horas, papá? Ya es muy noche.

—Es que se va mañana —dijo Nicolás para convencerla.

—Está bien, papá. Si quieres bájame y camino, para que no me cargues. Mira cómo vas sudando —dijo la niña con ternura, mientras le enjugaba la frente con las manos.

—No, hija, no quiero que se nos haga más tarde.

Desesperado, Paul aguardaba caminando en círculos con pasos agitados. Estaba a punto de marcharse cuando vio que Nicolás llegaba.

—Tardaste mucho —exclamó molesto.

—Tranquilo, Güero, aquí la traigo —respondió Nicolás depositando a Guadalupe en tierra.

Ella, de pie, talló con suavidad sus ojos y clavó la mirada en el extranjero.

—¿Tú eres el Güero? —le preguntó sujetando su muñeca de trapo.

—Sí —dijo Paul con sequedad.

—¡Ah! Ya sé quién eres. Mi hermano me dijo que le contaste de unas ciudades igual de grandes que estos cerros.

—Sí, yo le conté —afirmó Paul, mirándola detenidamente.

—¿Cómo ves, Güero? —intervino Nicolás.

—Bien, muy bien —Paul se llevó la mano la mano a la cartera. El trato era darle a Nicolás cuatro mil pesos, pero algo que jamás le ocurría lo dominó en ese momento. Se sintió enternecido y entregó seis mil pesos, y en el último momento añadió quinientos.

—¿Por qué te da dinero, papá? —interrogó la niña.

—Es para llevar a tus hermanos al doctor —explicó Nicolás.

—Es hora, Nicolás —terció Paul—. Despídete de tu hija.

—¿Por qué, papá? ¿Por qué te tienes que despedir?

—Mira, mi Lupita. Vas a ir con este señor. Él te va a ayudar, te va a consentir —mintió Nicolás con las palabras doliéndole en la garganta—. No le vayas a dar problemas, pórtate bien.

—¿Adónde me va a llevar este señor? —interrogó Guadalupe muy asustada, al borde del llanto.

—Te va a llevar a la ciudad de la que te habló tu hermano.

—¿Y después me van a alcanzar ellos?

—Sí, mi hijita, sí. En cuanto se recuperen iremos a buscarte.

—¿Y también van a ir Casiano y Concepción?

—Sí, mi niña bonita —Nicolás estaba a punto de estallar en llanto o de morirse allí mismo.

—Bueno, papá, está bien —aceptó Guadalupe y emitió un suspiro que venía de lo más profundo.

—No tengas miedo, hija. Ahora ve con el Güero.

Paul tendió la mano hacia la niña y la sujetó.

—Luego te diré dónde va a estar —le dijo al padre de la niña.

Paul y Guadalupe echaron a andar dándole la espalda a Nicolás. De pronto ella se liberó y corrió hacia su padre y de un salto se le colgó del cuello.

—Te quiero mucho, papito —dijo y lo besó en la frente—. Cuida mucho a mis hermanitos y a mi mamá. No se demoren, los voy a estar esperando.

Paul lo miró con dureza y Nicolás entendió la señal.

—Ya es hora, mi niña. Y no te preocupes —dijo.

Guadalupe lo soltó y echó a correr para reunirse con Paul.

Los nervios de Nicolás, orquestados por los desafinados sonidos de los animales y de su cuerpo rozando con la espesura, perforaban sus sentidos mientras sus lágrimas se diluían en el sudor. Abatido, a mitad del trayecto se dejó caer en el suelo. En el otro extremo del camino Paul se dirigía al jeep.

—¿Qué es eso? —preguntó fascinada Guadalupe.

—Un carro —repuso Paul.

—¿Para qué sirve?

—Para viajar a otros lugares sin cansarse —explicó Paul.

—Dice mi hermano que usted vive detrás de los cerros —dijo la niña.

—Así es —afirmó Paul mientras abría la puerta y colocaba a Guadalupe en el lugar del copiloto.

—¿Qué vamos a hacer? —sonrió ella emocionada.

—Tú vas a estar calladita y yo voy a manejar —ordenó el rubio con extraña sutileza

# ¿EN DÓNDE ESTÁ?

Cuando doña Tita despertó, no se percató de la ausencia de la niña. Se acercó a José y a Juan, y al ver que la fiebre no había cesado salió del cuarto. Afuera, sentado al pie de la puerta, se hallaba su marido. Deberían partir a la capital, pero ella sabía que no contaban ni con un centavo partido a la mitad. Se encogió de hombros y se envolvió en el rebozo. Los dos aguardaban en silencio.

Pasado un rato un coche se aproximó a ellos. Del vehículo descendió Tomás.

—¡Ya está todo listo, Nicolás! —anunció.

Doña Tita, sin saber qué decir, bajó la mirada. Su marido se incorporó, entró al cuarto y salió cargando a Juan.

—Tráete a José —ordenó.

La mujer no podía creer que partirían, pero entró por el niño. Con trabajos, Nicolás abrió la puerta trasera del auto e intentó acomodar a Juan. De pronto un grito desesperado rompió la armonía matutina en esa región montañosa.

—¿Dónde está? —doña Tita se abalanzó sobre Nicolás, le golpeaba la espalda con los puños—. ¿Dónde está Lupita? ¿Qué hiciste con ella? ¡Maldito! ¡La vendiste! ¡Te dieron dinero por ella! ¡Contéstame!

Nicolás permanecía inmóvil, no se atrevía mirar a su esposa a la cara. De un fuerte tirón ella lo obligó a volverse.

—¿Qué hiciste, Nicolás? ¡Contéstame! ¿Qué hiciste con ella? —repetía la pregunta una y otra vez. Al percibir la violenta mirada de Tomás, Nicolás reaccionó con una explosión salvaje.

—¡Se la di al Güero! ¡Se la di al Güero!

Doña Tita retrocedió anonadada.

—¿Cómo pudiste? —dijo al fin.

—Son mis hijos y puedo hacer con ellos lo que quiera. Ve por José. ¡Ve por José! —repitió al ver que doña Tita no le obedecía—. Te estoy hablando, ve por José.

—No —dijo la mujer desafiante.

—Soy tu marido, a mí no vas a contestarme así, vieja pendeja.

De las palabras pasó a los golpes. Al primer bofetón doña Tita cayó entre los yerbajos con la boca reventada, sangrante. Apenas pudo darse cuenta de que Nicolás entraba por José y lo subía al auto. Como si el sonido viniera de lejos, de muy lejos, escuchó el ruido del motor del vehículo que al fin se perdió en la distancia.

—Mamá, mamá —Concepción y Casiano tiraban de sus brazos inútilmente. Al ver que su madre no reaccionaba Casiano corrió por ayuda. Don Pascual estaba a punto de iniciar su desayuno cuando el niño entró corriendo por la puerta grande. Al observar el flacucho y pálido rostro de Casiano distorsionado, el viejo lo tomó de los brazos.

—¿Qué te pasa?

—Usté dispense, señor, es mi mamá. Venga conmigo, por favor.

Sin perder tiempo don Pascual tomó su bastón y salió detrás del muchacho. Cuando llegó al sitio donde yacía doña Tita, le ordenó a Casiano que buscara a Inocencio, el encargado de alimentar a los animales. Echó a correr Casiano y a los pocos minutos volvió con Inocencio, quien levantó en los brazos a la mujer y la condujo a un sillón colonial de la sala. Concepción no se había separado de su madre. Muy asustada, gemía y a gritos le pedía a doña Tita que volviera en sí. Don Pascual abrió un frasco de alcohol, comenzó a frotar líquido sobre la nuca de la mujer y a pasarle las manos impregnadas de alcohol bajo las fosas nasales. Doña Tita comenzó a recobrar el conocimiento y al cabo de unos minutos don Pascual pudo sentarse a conversar con ella.

—¿Qué pasó allá afuera, mujer? Dime la verdad —exigió el hombre clavándole la mirada en el rostro. Ella inclinó la cabeza—. Te hice una pregunta, contéstame.

—Fue Nicolás, señor. Peleamos porque el muy ingrato vendió a mi Lupita —respondió doña Tita entre lágrimas.

Don Pascual inhaló profundamente. Echó el aire y dijo:

—Bueno, mujer, eso es algo muy normal. Muchos padres

venden a sus hijas. Y, la verdad, en la circunstancia en que se encuentran creo que era lo más indicado —dijo y encendió un cigarro para ocultar la cara.

—Sí, lo sé —continuó doña Tita gimoteando—. Pero no me gusta ese tipo.

—¿Qué tipo? —preguntó don Pascual intrigado.

—El Güero.

El cacique endureció la mirada, se llenó los pulmones con una bocanada de humo, bebió un sorbo de su café.

—No te preocupes, Tita, yo me encargaré de que ese cabrón cuide de tu hija. Vete con tus chamacos, voy a mandarles algo para que desayunen. Ah, y se van a quedar aquí hasta que regrese tu marido —puntualizó. Tita asintió, se incorporó y volvió al cuarto con sus hijos.

—¿Qué piensa, patrón? —preguntó Inocencio.

—Nada me molesta más que un fquereño venga a mi tierra a joder a mi gente. Ese güerito ya me tiene hasta la madre. A la menor oportunidad quiero que te apoderes de él —ordenó.

Lejos de allí, Tomás manejaba apresurado para llegar cuanto antes a la ciudad. La mente de Nicolás era un torbellino en cuyo interior giraban las imágenes de lo vivido recientemente. Ahí, en el auto, escuchaba con claridad el ruido de los grillos, el canto del tecolote y el roce de las plantas en su cuerpo mientras corría después de dejar a Guadalupe en manos de Paul. Pasaba de un plano a otro, le llegaba de pronto la luz de un nuevo día, los gritos de su mujer, los golpes, la dolorida mirada, el cuerpo cayendo en los yerbajos. Respiró profundo y giró la cabeza para ver a sus hijos y recuperar las ganas de vivir, aunque solo fuera para salvarlos. Los dos niños temblaban. Era una hora cercana al medio día cuando llegaron a la capital. Se estacionaron cerca de la alameda y bajaron del auto cargando a los pequeños. Entraron a la clínica por la puerta de emergencia, pero fueron atajados y tuvieron que esperar a que los atendieran. Minutos después una doctora salió a su encuentro, hizo que los niños fueran acomodados en unas camillas, les quitó las camisas y los revisó.

Rápidamente le dio a Nicolás una receta para comprar suero y le señaló la farmacia. Nicolás dejó a sus hijos con Tomás y fue a surtir la receta. La mujer aplicó el suero por vía intravenosa.

—Van a estar bien —dijo. Y se dio tiempo para explicar que la infección había sido causada por beber agua sucia. Luego expidió una nueva receta para varios medicamentos, con horarios de aplicación e indicaciones médicas.

—Los vamos a tener aquí hasta que se estabilicen. Después podrán irse, pero deberán seguir las instrucciones médicas al pie de la letra —expuso con firmeza y se retiró.

Tomás y Nicolás permanecieron largo rato en el pasillo donde estaban los niños, pasillo en ocasiones transitado por pacientes y sus acompañantes. Como ese ambiente los asfixiaba, salieron a tomar un poco de aire fresco. Tomás extrajo de sus bolsillos una cajetilla de cigarros sin filtro y encendió uno. Los dos hombres se apoyaron en una pared.

—¿A quién le vendiste a Lupita? —inquirió Tomás.

—-Al Güero —respondió Nicolás.

—¿Por qué a él?

—Porque quería tenerla y disponía de dinero para comprarla.

Tomás meneó de lado a lado la cabeza.

—No te sientas mal —dijo.

—Claro que me siento mal, no puedo evitarlo. Pero ni modo de vender a mis muchachos, ellos me sirven en el campo.

—Con el tiempo tu vieja lo entenderá.

Cuando Tomás terminó su cigarro ingresaron al pequeño y sórdido espacio donde estaban los niños. Hora y media más tarde apareció la doctora y realizó un chequeo a los hermanos. La fiebre había disminuido considerablemente y ya no temblaban.

—Creo que ya se puede llevar a sus hijos —dijo a Nicolás—. Compre los medicamentos que indica la receta y no se olvide de seguir las instrucciones que le di hace un rato.

Nicolás le besó las manos y la doctora, apenada, retrocedió y se despidió. Luego Nicolás y su amigo cargaron a José y a Juan y abandonaron el hospital.

# LO AMARGO DE LO DULCE

Al principio Guadalupe iba entusiasmada por el viaje en el auto, pero poco a poco la fue venciendo la falta de sueño. Su cabecita descansaba en el asiento y con una mano sujetaba la muñequita de trapo que su madre le había dado. Cuando despertó, el auto se había detenido y Paul le abría la puerta.

—Ven, baja, vamos a desayunar.

Entraron a un restaurante y se sentaron. Guadalupe, rebosando curiosidad, miraba la carretera, los autobuses y los autos que se hallaban estacionados.

—¿En dónde estamos? —preguntó.

—En un parador de la autopista.

—¿Qué es autopista?

—Un camino grande que se hizo para los carros.

—Esos carros —señaló el estacionamiento—, ¿por qué son más grandes que el tuyo?

—Son más grandes para llevar más gente —explicó Paul.

—¿Por qué son de muchos colores? —preguntó la pequeña.

—Hay para todos los gustos —repuso Paul a desgana.

—¿Por qué?

—No quiero más preguntas, vamos a desayunar —cortó Paul con sequedad y llamó a una mesera para ordenar el desayuno.

Paul observaba cómo Guadalupe abría los ojos ante cada objeto, sus manos acariciaban el asiento, a veces deslizaba los dedos en la mesa. Cuando les sirvieron se quedó mirando el plato como si no se atreviera a tocarlo. Paul se desentendió de lo que hacía la niña y comenzó a comer. Guadalupe lo miró unos instantes y lo imitó.

Cuando terminaron los alimentos, Paul liquidó la cuenta y antes de salir del local se detuvo frente a una máquina de refrescos, depositó dos monedas, presionó el botón y recogió la bebida ante el asombro de Lupita, que abrió la boca como si hubiera contemplado un acto de magia. Sin poder evitarlo, Paul dejó escapar una fuerte carcajada que ocasionó el enojo de la niña y la impulsó a patearle la espinilla. El gesto burlón de Paul se transformó en una mueca de enfado. Sin decir palabra, Paul tomó a la niña del brazo con brusquedad y la hizo subir al vehículo. Luego subió él, puso en marcha el motor y continuaron el viaje.

Guadalupe se mantuvo enfurruñada unos minutos, pero al cabo le cambió el humor mientras se entretenía sacando la mano por la ventana como queriendo capturar el viento, y de vez en cuando asomaba la cara para que también la acariciara el aire. Cuando pasaron por Cuernavaca gritaba de emoción al ver la variedad de casas y de plantas, tan diferentes de lo que conocía. Señalaba a un lado y otro como si invitara a Paul a compartir lo que veía. Y no dejaba de reír. Cuando el auto inició el descenso a la Ciudad de México su emoción fue mayor. Ante sus ojos el conglomerado urbano se hacía cada vez más grande, estaba descubriendo un mundo nuevo que por un largo rato la dejó sin habla. Cuando entraron a la ciudad, descubrió un insospechado mundo de maravillas y su emoción se acrecentó. Miraba todo con embeleso, se entusiasmaba contemplando las arterias de la ciudad enorme que a sus ojos amenazaba con alcanzar el cielo. A propósito, Paul se internó por los rincones de la ciudad que le parecían más bellos, nada le costaba conceder eso a Guadalupe. Y la pequeña lo disfrutaba, transitaba del sobresalto, cuando veía automóviles que parecían decididos a golpear el jeep, a una turbia extrañeza cuando en alguna esquina veía un tragafuego arrojando llamaradas por la boca. Y de pronto allí, frente a ellos, se alzaba el majestuoso Ángel de la Independencia. Y al pasar frente a la sede del Centro Mundial de Comercio recordó que le habían prometido admirar edificios tan grandes como los cerros, hermosos y brillantes igual que la luna. La impresionó también el resplandeciente Palacio de Bellas Artes. La ciudad le resultaba una revelación. Sus pies no habían sentido esa tierra y ya deseaba bajar del vehículo, sentirla en cuerpo y alma. Paul siguió paseándola por la ciudad, estacionaron el jeep y pasearon por el bosque de Chapultepec. Guadalupe tuvo temor cuando se encontraron con un grupo de darketos, pero se sintió confortada gracias al humor de unos payasos. En algún momento Paul la tomó de la mano y le compró un enorme algodón de azúcar, que dejó a la niña un cerco color de rosa en torno de los labios. Se sentaron luego en una banca y tuvieron una conversación larga y sencilla. Al cabo de un rato Paul recibió una llamada.

—Si, acá estoy, junto a una caseta de color café —dijo el rubio.

Poco después apareció Rutilo acompañado de una niña quizá dos años mayor que Guadalupe. Qué contraste entre una y otra, pues la niña recién llegada era blanca y rubia. Rutilo y Paul se saludaron y se alejaron de las niñas para hablar en privado y no pasó mucho tiempo para que las chiquillas comenzaran a conversar.

—¿Cómo te llamas? —preguntó Guadalupe.

—Lorena. ¿Y tú?

—Lupita —dijo la niña morena y tendió la mano. Lorena respondió el ademán, le pareció divertido.

—¿De dónde vienes? —inquirió Guadalupe.

—De Ciudad Altamirano, en la Tierra Caliente de Guerrero.

—Yo vengo de un lugar muy lejos en la Montaña —informó Guadalupe.

La charla se interrumpió cuando los hombres retornaron. Paul y Rutilo las tomaron de las manos, echaron a andar y salieron del parque. Afuera, se internaron en un callejón. Tres sujetos aguardaban en un camión con la caja abierta.

—Aquí las tiene, doctor —dijo Rutilo sin soltar a Lorena.

—¿Qué nos van a hacer? —interrogó la pequeña rubia.

—El señor es doctor y las va a examinar para ver si están bien —dijo Paul para tranquilizarlas.

—A ver, acompáñenme —indicó el doctor y señaló la caja del camión, en la que podían verse un sillón, una camilla y algunos instrumentos médicos.

—Entra, Lupita —aconsejó Paul al ver que las niñas se resistían—. No te va a pasar nada. Recuerda lo que te dijo tu padre, debes obedecer, si no, me puedes hacer enojar.

Guadalupe abrazó su muñequita de trapo y miró a Lorena, quien ahora le tendía la mano. Guadalupe asintió y juntas, dóciles, caminaron hacia la caja.

—¡Excelente, Paul! Justo lo que necesitamos —exclamó el doctor.

—Sí, pero aún tenemos que hablar —intervino Rutilo.

—Tranquilo, no te desesperes, tendrás tu dinero —dijo el doctor.

—Sí, pero tenemos que hablar —insistió Rutilo.

El doctor obsequió dulces a las niñas y las hizo bajar de la caja.

—Está bien, negocios son negocios.

Las recientes amigas se sentaron en la banqueta mientras los hombres conversaban.

—¿Por qué estás aquí? —preguntó Lorena a Guadalupe.

—Mi papá me mandó con el Güero porque mis hermanitos se enfermaron en mi pueblo y los llevaron con el doctor a la capital —explicó.

—¿Y los vas ver?

—Sí, mi papá dijo que cuando mis hermanitos se aliviaran los iban a traer acá.

—Yo no tengo papás. Mi mamá hace poco se fue al cielo y me dejó con mi tío Pancho para que me cuidara. Un día llegó Rutilo con mucho dinero y me dejó con él.

—¿Y tu papá?

—Se murió un día que se fue al otro lado —repuso Lorena con los ojos húmedos.

—¿Qué es eso del otro lado? —preguntó Guadalupe.

—No sé, así me decía mi mamá cuando le preguntaba por él.

—Si quieres te puedo prestar mi muñeca para que te cuide. Cuando en las noches no puedo dormir porque la oscuridad me da mucho miedo, la abrazo y ya no me asusto —ofreció Guadalupe.

—No, es tuya.

—Si a mí me quita el miedo a ti también. Toma, abrázala.

Verás que te vas a sentir mejor.

Lorena tomó la muñeca, cerró los ojos y la estrechó. Al final se sintió confortada y se la devolvió a Guadalupe.

—Espero que estemos juntas, Lupita —suspiró Lorena balanceando los pies.

—Sí, yo también. Vamos a ser buenas amigas. ¿Tú sabes qué quieren decir esas palabras raras que están diciendo? —planteó Lupita.

—¿Ellos? —Lorena indicó con la mirada a Paul, Rutilo y los otros individuos.

—Sí, no las entiendo —dijo Guadalupe.

—Yo tampoco —contestó Lorena.

—Luego le voy a preguntar al Güero —dijo finalmente Lupita.

Para matar el tiempo improvisaron un juego de manos, hasta que vieron que los hombres se acercaban. Permanecieron muy juntas, tomadas de la mano.

Rutilo le dijo a Lorena que se iría con Guadalupe y Paul. Al saber que estaría cerca de su amiga, Lorena se tranquilizó. Rutilo se despidió secamente, dio media vuelta, se internó en el callejón y desapareció. Paul se despidió del doctor, ordenó a las niñas que lo siguieran y juntos salieron del callejón, caminaron hasta el vehículo y lo abordaron. Durante el trayecto Paul les informó que las llevaría a una casa muy grande en la que estarían unos días, hasta que vieran a su familia. Guadalupe, con gesto de curiosidad, lo miró fijamente.

—Güero, ¿qué son las córneas? —indagó.

—¿Por qué? ¿Dónde escuchaste eso?

—Oí que ese señor te dijo que podían vender las córneas y los riñones.

Paul frenó el auto de golpe. El claxon de un auto lo devolvió a la situación y continuó manejando. Durante unos minutos en el interior del vehículo se formó un espeso bloque de silencio.

—No es nada, Lupita. Y deja de hacer tantas preguntas, las niñas de tu pueblo no son como tú —dijo Paul al fin.

—Pero...

—¡Nada! ¡Cállate ya! —gritó Paul encolerizado.

Lorena, que viajaba en la parte trasera, se encogió de hombros. Guadalupe, acostumbrada a que después del grito venía el golpe, se protegió rodeando su cabeza con los brazos.

—No tengas miedo, no te voy a pegar. Pero por favor ya no hagas tantas preguntas —puntualizó Paul.

Hora y media más tarde Paul hizo sonar el claxon afuera de una enorme propiedad. La reja eléctrica se abrió y entraron. Después de cruzar un bosquecillo de pinos y rodear una fuente, aparcaron. Un hombre moreno, regordete, de mediana estatura y barba negra salió a su encuentro. Seco, sin el menor indicio de cortesía, le indicó a Paul que bajara del auto.

—¿Son ellas? —preguntó.

—Ellas son —afirmó Paul.

—Que bajen.

Paul hizo una seña a las niñas y ellas obedecieron. El hombre de la barba negra las miró y con toscos modales les acarició las mejillas y las invitó a pasar a la casa estilo Nebraska. Una vez dentro llamó a su ayudante y le ordenó:

—Toscano, pon a estas dos en el cuarto de siempre.

Al oír esto las niñas se atemorizaron. El hombre que había recibido la orden las tomó de las manos y percibió cierta resistencia. Sin decir nada, miró a Paul y éste se acercó a las pequeñas.

—Obedezcan.

—Pero... —Guadalupe quiso decir algo.

—Pero, nada. Yo soy el hombre y a mí no se me contesta. Recuerda lo que te dijo o tu padre. ¿O quieres que te pegue para que obedezcas?

Lorena le tocó un hombro y las dos se dejaron conducir por Toscano. En la casa se adentraron en un pasillo que estaba al lado de las escaleras. Guadalupe observaba con detenimiento lo que había a su paso. El piso era de duela, las paredes tenían grandes ventanales y al final del pasillo pendía un cuadro muy grande, una enorme réplica de un Monet que desde luego la niña no podía identificar. Bajo el cuadro, adosada al muro, había una pequeña mesa de cedro en la que descansaba un florero con rosas blancas. Doblaron a la izquierda y bajaron unas escaleras hasta topar con una puerta. El hombre la abrió, el cuarto estaba completamente a oscuras.

—¡Entren! —ordenó. Ante la negrura de la habitación Guadalupe se estremeció, hizo el intento de retroceder—. ¡Pinches niñas! —exclamó el hombre, las empujó al interior y cerró la puerta.

—Tengo miedo —balbució Guadalupe.

Un llanto doble fracturó el espacio sonoro cautivo entre esos muros. Las blandas manos de las dos niñas se aferraron a la muñeca de trapo, mientras ellas se adivinaban en la oscuridad.

# LA CONOZCO

No supieron cómo fue que se durmieron ni cuánto tiempo permanecieron dormidas. Cuando abrieron los ojos encontraron la misma oscuridad. Habían perdido toda noción del tiempo y de la realidad, no podían distinguir sus manos ni a dos centímetros de distancia. Físicamente agotadas, mentalmente dañadas, apenas podían moverse. Una y otra se acariciaban los párpados hinchados de tanto llorar. Comenzaron a llamarse, esperando que sus palabras se encontraran en ese espacio tenebroso. Lo lograron, para su fortuna, y comenzaron a charlar. No sabían qué pasaba, estaban aterrorizadas. Guadalupe apretaba su muñeca como si fuera su única garantía de vida. Llamó a Lorena, la animó a moverse para que pudieran reunirse, y al fin, con ayuda de murmullos y palpando, pudieron hacerlo. Se abrazaron temblando de frío, no sabían qué esperar. De un momento a otro su suerte había dado un giro maligno. No estaban con Paul, y aunque dudaban de la buena voluntad de ese hombre, suponían que su compañía las hubiera aliviado. Arrodillas en el piso gélido, rezaron en silencio y de pronto unos pasos en el techo atrajeron su atención.

—Oíste —dijo Lorena en voz baja. Ahora, les pareció percibir que los pasos descendían una escalera y se acercaban a la puerta.

—Voy a sacarlas, chamacas —dijo una voz, y ellas, asustadas, retrocedieron. De pronto en la habitación irrumpió la luz eléctrica, proveniente de un potente foco colocado muy alto. Ciegas por un momento, en el siguiente descubrieron que el tipo que ahora abría la puerta era el mismo que las había encerrado. Violento, tosco, agresivo, el hombre las tomó de los brazos.

—¡Vengan conmigo! —ordenó—. ¡Vamos, de prisa!

Las niñas se dejaron conducir y Toscano las condujo a la sala donde el hombre regordete de la barba negra, sentado en un sofá de madera, leía un periódico.

—Aquí las tiene, jefe —dijo servil Toscano.

—Vete, déjame solo con ellas —mandó el jefe.

Toscano obedeció y las niñas intercambiaron miradas. El llamado jefe hizo el periódico a un lado y las examinó detenidamente. Su mirada se demoró en las piernas blancas de Lorena, por las que corría un líquido amarillento.

—Mira nada más, hija, ya te orinaste —dijo el hombre sin asomo de ternura. Con los ojos vidriosos, avergonzados, la niña flexionó las piernas como si quisiera ocultarlas.

Después de observar a las niñas unos minutos, el hombre les acarició las mejillas y les dijo:

—Las van a llevar a un cuarto muy bonito y van a estar mejor. No se preocupen, estarán bien.

Pegó un grito y nuevamente apareció Toscano, quien se las llevó, solo que ahora por una ruta distinta. En vez de llegar al fondo del pasillo se detuvieron a mitad y entraron por un arco que, mediante una escalera conducía a una planta superior de la casa. Alcanzaron un amplio corredor en el que había muchas puertas de madera a mano izquierda y a mano derecha, todas ellas cerradas. Se detuvieron ante la penúltima a mano izquierda.

—Aquí se van a quedar.

La habitación estaba decorada en tonos blancos y rosa pastel, con detalles en los mismos tonos. Lucía agradable y estaba decorada con buen gusto. Las niñas, aunque temerosas, entraron a la habitación.

—No pueden hablar con nadie ni desobedecerme, solo podrán salir en mi compañía. En caso contrario las regresaré al cuarto oscuro —amenazó Toscano y cerró la puerta con llave.

A las dos pequeñas les fascinó el aposento, parecía la habitación de una casa de muñecas. Tenía varias camas individuales y tres asientos de color púrpura semejantes a una pelota de playa. Cuando Lorena se sentó en uno de ellos, su cuerpo se hundió por completo, cosa que arrancó una sonrisa a Guadalupe, quien se procuró un lugar en una de las camas individuales cubiertas por un edredón almidonado. Lorena logró por fin emerger del asiento, se acomodó al lado de Guadalupe y permanecieron en silencio.

—Tengo miedo —dijo Guadalupe, mientras acariciaba el rostro de su muñeca.

—Yo también —murmuró Lorena balanceando los pies.

—¿Qué crees que nos vayan a hacer? —preguntó Guadalupe al borde del sollozo.

—No sé —respondió la amiga.

El ruido de una llave introduciéndose en la cerradura las obligó a guardar silencio. Se abrió la puerta y entró una mujer blanca, de complexión robusta. Llevaba el cabello amarrado y ropa en los brazos.

—Buenas noches, mis niñas —dijo, y las niñas no respondieron el saludo—. Está bien, si no quieren hablar, allá ustedes, al fin y al cabo no vengo a hacer amistades —dijo la mujer mientras colocaba las prendas en una de las camas.

—¡A ver, tú, ven acá! —ordenó a Lorena, pero la niña no se movió.

—¿Qué pasa? ¿Me tienes miedo? —preguntó encarándola—. ¡Que vengas, te digo! Tú debes ser la chamaca que se orinó, voy a darte un baño —informó—. Hazme caso, niña, si no, te van a mandar de nuevo al cuarto negro, ese horrible cuarto al que las metieron cuando llegaron.

Lorena respondió tomando, dócil, la mano de la mujer.

—Ándale, hija, así está bien —exclamó la empleada y la llevó al baño. Guadalupe se acercó para ver lo que hacía la mujer, quien quitada de la pena abrió la regadera, le quitó la ropa a Lorena y la acomodó bajo el agua. Al sentirse observada, Guadalupe cerró la puerta del baño y se alejó unos pasos. Minutos después vio salir a su amiga envuelta con una toalla color de rosa.

—Ahora te toca a ti —exclamó la mujer tomando a Guadalupe por la cintura y metiéndola al baño. Cuando salió, había desaparecido el mazacote de su cabello negro y lucía un simpático peinado de aguacero.

—Ahorita vuelvo, niñas, les voy a traer de cenar. Mientras, cámbiense, ahí les dejé ropa —dijo la señora y salió.

Las dos comenzaron a vestirse, y apenas terminaron se presentó de nuevo la robusta mujer con una charola con pan y leche caliente. Sirvió dos vasos de leche, colocó lo demás en una mesita redonda de madera y las apresuró a tomar la merienda. Cuando terminaron las llevó a cepillarse los dientes y las acostó, cada una en una cama. Una vez afuera apagó la luz. Luego las niñas escucharon la llave en la cerradura y después el sonido de las zapatillas de la mujer mientras se alejaba por el pasillo. Las amigas, entonces, se sentaron en sus camas, tratando de localizar la cara de la otra entre las sombras. Cuando al fin sus pupilas se adaptaron a la insuficiente luz, Guadalupe invitó a Lorena a pasarse a su cama. Sin dudarlo, la niña rubia pegó un salto y aterrizó en la cama de la compañera. Estaban muy nerviosas, lo que no impidió que se pusieran a conversar animadamente, con repetidas menciones de la robusta señora.

—Parece una vaca —dijo Guadalupe y comenzó a moverse por la habitación ridiculizándola—. Mira, se mueve así.

—No puedo verte bien, hace falta luz —dijo Lorena—. Mejor ven a sentarte conmigo.

Pero Guadalupe, que tenía mayor agudeza visual que la amiga, se desplazó por el dormitorio y en una pared dio con los cordones de una cortina. Sin saber bien a bien lo que hacía, tiró de ellos y la cortina dejó al descubierto una ventana. Guadalupe pegó la cara a los cristales y llamó a Lorena, que se acercó titubeante.

—Es la luna —dijo Guadalupe sonriendo, y señaló un punto en el firmamento. La luz plateada de la luna le bañaba la cara.

—No veo muy bien —dijo Lorena.

—Acércate —invitó Guadalupe, quien forcejeaba tratando de abrir la ventana, sin lograrlo—. Allá donde vivo, siempre que hay luna, una luna más bonita que ésta, mis hermanitos y yo corremos con mi mamá a un cerro que está muy cerca de la casa. Subimos a verla hasta quedar dormidos. Puedo asegurarte que ellos también la están viendo.

—Qué bonito ¿Y qué más hacen? —Lorena pegó la cara a los cristales.

—Pues contamos cuentos o pedimos deseos —dijo Guadalupe.

—¿Y dónde juegan?

—Eso es lo mejor. Nuestra casa no está rodeada de piedras, como ésta. Podemos correr y correr por donde nos dé la gana, todo el campo es nuestro. Y como tenemos muchos árboles, a veces nos escondemos y asustamos a mi mamá. También hay una poza muy grande, mucho más grande que la que hay aquí en el baño.

—No es poza, es una taza para hacer del baño —corrigió Lorena—. Cuando tienes ganas de hacer, vas y haces lo que quieras hacer en esa taza.

—Pues como sea —repuso Guadalupe—. En esa poza nos bañamos, y hay muchas plantas y vemos pasar a los pájaros y los escuchamos cantar.

—¡Qué bonito! Cuando salgamos de aquí me invitas.

—¡Claro que sí! Para eso somos amigas —aseguró Lupita.

El ruido de unos pasos apresurados las alertó. Guadalupe corrió la cortina y corrieron a acostarse en las camas. La llave giró en la cerradura y la puerta se abrió. Era Toscano, que hacía una visita de revisión.

—Si vuelvo a escucharlas hablando, las encierro en el cuarto negro —dijo Toscano. Salió, dio un portazo y echó llave.

Guadalupe se pasó a la cama de Lorena.

—Es que tengo miedo —dijo en voz baja. Abrazó a la niña rubia y las dos se durmieron simultáneamente.

Era de madrugada cuando un desgarrador grito femenino las despertó sobresaltadas. Detrás de una de las paredes comenzaron a escucharse gritos de violencia y el sonido de objetos que se estrellaban contra el muro. Una mujer parecía que luchaba por defender su vida mientras un hombre la atacaba cuando intervino otra voz masculina "¿Qué está pasando?". Más ruidos, el choque de un mueble o un cuerpo contra una puerta. "¡Se escapa!", resonó una voz, y Guadalupe se acercó a la puerta y trató de ver algo por el ojo de la cerradura. Nada. Cercano se escuchaba el sonido seco de golpes e insultos. De pronto un cuerpo femenino desnudo cayó al piso frente al cuarto de las niñas y por el ojo de la cerradura Guadalupe logró ver qué pasaba. Un desconocido, también desnudo, tomó a la mujer de los cabellos, la abofeteó y la arrojó al piso. "Cálmate", dijo una voz y Lupita la reconoció, era la de Toscano. "Me vale madre todo lo que digas, para eso pago", bramó el hombre desnudo y comenzó a penetrar a la mujer. "Te gusta que te peguen, ¿verdad, cabroncita?" La golpeó en las costillas, la mujer no apartaba los brazos de su rostro. Furioso, el sujeto continuó moliéndola a patadas y puñetazos hasta que se hartó y la abandonó inmóvil en el piso. "Levántate", se escuchó decir a Toscano, quien la tomó de unos de los brazos y dejó el rostro de la mujer al descubierto.

La escena había horrorizado a Guadalupe, la había hecho sudar frío, pero descubrir el rostro de la mujer ultrajada casi le reventó el corazón. Retrocedió con los ojos abiertos muy abiertos, llenos de pánico. Lorena, muy espantada por los gritos y el sonido de los golpes, se aproximó a su amiga, cuyo rostro mostraba una gran palidez.

—Es ella —musitó Guadalupe.

—Pero ¿quién es ella? ¿Quién es?

—Es la muda, la muda mi pueblo.

# UNA NUEVA COMPAÑÍA

Relumbrando en la cara de Lorena, el sol avivó sus sentidos. La niña despertó, pero no abrió los ojos. Movió primero los dedos de las manos, luego las manos. Al levantar la cabeza y abrir los ojos, la realidad le cayó encima como un balde de agua. Su primera reacción fue buscar a Guadalupe. La vio apoyada en la ventana y se acercó a ella. Afuera había un jardín con unos pinos enormes cuyas largas ramas se alzaban hacia lo alto, como si acabaran de salir de la cama y se desperezaran. Guadalupe comenzó a deslizar un dedo por el cristal de la ventana. A la distancia se acercaba un grupo de personas. Adelantándose al paso de los demás, una niña se detuvo y saludó: era Concepción. Pronto, a la hermana se unieron Juan y José, totalmente curados, y Casiano. Detrás de ellos venían sus padres tomados de la mano. La puerta de la habitación se abrió y, sin obstáculo, Lupita bajó corriendo y la abrazaron y ella le picó las costillas a Casiano y echó a correr. La familia no demoró mucho en alcanzarla. Juntos caían al suelo y se levantaban en medio de risas y Guadalupe se colgaba del cuello de Casiano y después saltaba sobre la panza de su padre y le tomaba la cara y la besaba y su madre la atrapaba y nunca, nunca más, la soltaba.

—¿En qué piensas? —las palabras de Lorena la sacaron bruscamente del ensueño.

—Detrás de esos cerros está mi casa, allá están mi papá y mi mamá. Quiero verlos, tengo miedo, mucho miedo.

—Y yo, pobre de mí, no tengo adónde ir —dijo Lorena.

—Cuando venga el Güero voy a decirle que te irás conmigo y mis hermanitos van a ser los tuyos. Vas a vivir en mi casa, vamos a jugar entre la hierba, vas a subir con nosotros a ver la luna y pedir muchos deseos —afirmó Guadalupe.

—¿Crees que tus papás me acepten? —preguntó Lorena.

—Sí, mi papá y mi mamá me quieren mucho.

Se dedicaron a contemplar el paisaje, y cuando alguien abrió la puerta ni siquiera se dieron vuelta para ver quién entraba. Se limitaron a obedecer las instrucciones de la señora que las había atendido la noche anterior: entraron al baño, se vistieron, bajaron a desayunar. El desayunador era una mesa grande de cristal con una base de cantera rosa. Circundaban el salón unos enormes ventanales que permitían ver el exterior.

—Esperen aquí —les dijo la mujer y se dirigió a la cocina.

Lorena tomó un tenedor y, juguetona, comenzó a golpear el plato. Guadalupe, expectante, abrigaba la idea de que Carmen, la Muda, podría comparecer en el salón. Pasó el tiempo y no hubo novedades. Finalmente, una mujer se dirigió a la mesa y comenzó a servir el desayuno. Guadalupe se dio cuenta de que la mujer tenía un brazo lastimado. Y del brazo pasó al rostro y reconoció a la mujer que les servía, aunque un vendaje ocultaba buena parte de su rostro. Sí, era la misma que percibió la noche anterior a través de la cerradura, la misma que había visto en dos ocasiones cuando visitó el pueblo con su padre. Y recordó que la última vez le había regalado a Carmen, pues de ella se trataba, una flor blanca, cuando la vio llorar desconsolada. Con el deseo de hacer contacto con ella tomó una servilleta, formó con ella la figura de una flor y la colocó en la mesa, a su lado. Carmen salió del salón desayunador y volvió minutos después con algunos enseres que distribuyó en la mesa. Vio entonces la florecita fabricada por Lupita y dirigió a la niña una sonrisa. La había reconocido.

La voz de un hombre que entraba al salón alertó a Carmen, quien inmediatamente se retiró.

—Buenos días —dijo el dueño de la casa, cuyos pesados pasos resonaban en el piso. Se acercó a la gran mesa de cristal, se sentó y bebió un vaso de jugo de naranja frío—. Quiero hablar con ustedes, pequeñas, porque ayer sucedió algo que seguramente las perturbó. Deben saber que en este lugar las instrucciones se obedecen. Si alguien les da una indicación, tienen que hacer caso, por algo nacieron mujeres. No quiero decir que a ustedes les vaya a pasar lo mismo, así que pueden estar tranquilas. Y algo más, para que no se sientan solas, les presentaré a una nueva amiga... ¡Toscano! —gritó, y el subalterno entró con una niña de rasgos semejantes a los de Guadalupe y más o menos de su misma edad.

—Aquí la tiene, jefe —dijo Toscano—. Me mordió la mano, pero ya recibió su castigo.

—Esta chamaca es de Oaxaca y creo que también es muda porque desde que llegó no ha dicho palabra —dijo el jefe. Soltó una carcajada y se levantó—. Bueno, me voy, las dejo con Toscano. Quiero que se bañen y se arreglen. Cordelia, la mujer que estuvo con ustedes ayer y las levantó por la mañana, las va a auxiliar. Nos vemos.

La muchacha recién llegada siguió de pie hasta que Toscano le ordenó sentarse.

—Y será mejor que comas ahorita, chamaca.

Carmen apareció con un plato y lo depositó ante la muchacha.

Aprovechando la proximidad, Toscano le propinó una nalgada a Carmen.

—Estás bien buena, pinche india —le dijo, y Carmen huyó a la cocina.

Cuando las niñas terminaron de desayunar se presentó Cordelia y las llevó a la habitación. Sobre tres de las camas esperaban unas cajas. Cordelia trató de animar a las niñas para que las abrieran, pero fue inútil, así que las metió al baño, las desnudó y una por una las colocó bajo la regadera. Finalizado el aseo, las envolvió en toallas y comenzó a peinarlas.

—¿Por qué están tan calladas? ¿Qué les pasa? —indagó la mujer, pero sus preguntas no tuvieron eco. Decidió tomar la iniciativa, abrió las cajas y eligió vestidos para cada una de las pequeñas. Se dirigió a la puerta, dijo que volvería en un rato y quería verlas vestidas. Guadalupe y Lorena se miraron y en callada complicidad se acercaron a la nueva inquilina. La primera en romper el hielo fue Guadalupe.

—¿Cómo te llamas? —preguntó con timidez.

—Natividad —respondió la recién llegada.

—Yo soy Guadalupe y ella es Lorena —hizo Lupita las presentaciones.

Lorena tendió la mano y Natividad la estrechó.

—¿Tienes miedo? —inquirió Guadalupe.

Natividad asintió inclinando varias veces la cabeza.

—No tengas miedo, nosotras te vamos a cuidar —terció Lorena.

La perilla de la puerta giró y las niñas sellaron sus bocas. Entró Cordelia, y al darse cuenta de que no se habían vestido, empezó a gruñir y a manotear de una forma que a las niñas les provocó sonrisas que ocultaron cubriéndose la boca. Sin embargo, se dieron prisa en ataviarse y al poco rato se hallaron muy arregladas y sentadas las tres en una cama. Poco después compareció Toscano, quien las hizo salir del cuarto y las alineó en el pasillo. Abrió tres de las puertas cercanas y encerró a cada una en una habitación. Lorena en la primera, en la segunda Natividad y en la tercera Guadalupe.

El cuarto de Lorena no tenía nada fuera de lo común, destacaba un sofá para cuatro de color azul. En las habitaciones de Natividad y de Guadalupe había cámaras de video emplazadas en tripiés. Las tres niñas, ahora separadas, se preguntaban inquietas qué sucedería. Toscano entró a la habitación de Lorena y comenzó a interpelarla. Entre otras, le hizo preguntas acerca de su salud e indagó si tenía familia.

En la segunda habitación, la de Natividad, lo primero que hizo fue encender la cámara de video.

—Esto va a ser sencillo —dijo—, vas a responder todas mis preguntas y hacer lo que yo diga. Si no lo haces te pueden pasar cosas muy malas.

Colocó a la niña frente a la cámara y se sentó fuera del alcance del lente.

—¿Cómo te llamas? —preguntó. Natividad no respondió y Toscano la tomó de la barbilla y le dejó caer un bofetón—. Bien, empecemos de nuevo.

Invadida por el temor, Natividad dio respuesta a todas las preguntas.

—Ahora, niña —dijo Toscano autoritario—, quítate la ropa.

Natividad quedó aterrada. Y Toscano, al ver que la niña no obedecería, se ubicó detrás de ella y le desabotonó el vestido. Colocando las manos sobre su pecho, Natividad detuvo la caída de la prenda, entonces Toscano se la arrebató de un tirón y la arrojó al piso. Después asestó otro bofetón a la pequeña, la obligó a separar las piernas y le quitó el calzoncito, dejando toda su infantil desnudez al descubierto.

—No te preocupes —le dijo—, no te voy a hacer nada, únicamente te voy a filmar. Tranquilízate, si te quisiera hacer algo malo ya lo hubiera hecho.

Toscano enfocó el lente de la cámara e hizo diversas tomas que no omitieron un solo detalle de la anatomía de Natividad.

—Ahora tiéndete bocabajo —ordenó Toscano.

La niña no comprendió la orden y permaneció quieta. El hombre levantó la mano amenazándola con otra bofetada.

—No sé qué quiere —dijo Natividad. Toscano, entonces, de un empellón la arrojó al piso bocabajo y en esa posición la grabó largo tiempo. Cuando las tomas llegaron a su fin, Toscano la recompensó con un dulce y salió del cuarto llevándose la cámara. Bañada en lágrimas, Natividad comenzó a vestirse.

Poco después Toscano entró a la habitación de Guadalupe, quien dormía abrazada a su muñeca de trapo. El hombre la sacudió para sacarla del letargo. La niña abrió los ojos y al reconocer al intruso intentó protegerse pegando la espalda a la cabecera.

—Tranquila, nada más voy a hacerte unas preguntas. Y te advierto que no me gusta repetir las cosas.

Encendió la cámara, se sentó y comenzó a preguntar. Nombre, edad, origen... Pasó luego a otro capítulo del cuestionario, referido de manera precisa a la salud.

—¿Cuándo fue la última vez que te enfermaste?

El interrogatorio duró media hora. Acto seguido Toscano apagó la cámara y se despidió. Luego reapareció Cordelia, quien llevó a Lupita a la alcoba donde aguardaban Lorena y Natividad. A medio día las llevaron a comer y les permitieron salir al jardín.

Las niñas se sentaron debajo de un pino muy alto, desde donde podían ver su ventana. Sus ojos estaban apagados, algo malo se avecinaba, no sabían que. Allí pasaron el resto de la tarde, Guadalupe y Lorena contaron lo que habían pasado; Natividad no lo hizo, se dedicó a jugar con la tierra, como deseando ahogar en ella su secreto. Al caer la noche fueron llamadas a cenar y después las condujeron a su cuarto. Cordelia las bañó, les puso piyamas y vio que se acostaran y cerraran los ojos. Lorena y Guadalupe se esforzaban en conciliar el sueño, pero los sollozos de Natividad se los impedían. Se acercaron a ella, intentaron conversar, pero Natividad no respondía. Se conformaron con abrazarla y, al fin, abrazadas se durmieron.

# DE VUELTA

Paul conversaba con un hermosa mujer en un restaurante ubicado en la Zona Rosa de la Ciudad de México. Un denso olor a café flotaba en la atmósfera del lugar, para goce del olfato y exaltación del espíritu. Paul musitaba no se sabe qué cosas al oído de la mujer y ella reía. El mesero sirvió las dos últimas copas de un tinto español y Paul alzó la suya para brindar en honor de la belleza de la dama. Bebieron las copas, Paul pagó la cuenta y salieron. Subieron al convertible de Paul y el rubio la llevó a su nuevo departamento. En el ascensor no lograban reprimir sus ansias, y cuando las puertas del artefacto se abrieron ella iba con el vestido casi desprendido y él con el torso desnudo. Tan pronto entraron al departamento se dejaron caer en el sofá y Paul la penetró. Cuando el sexo estaba en el mejor momento, el rubio sintió en la sien el cañón de una pistola. Al darse cuenta, la mujer gritó asustada. Paul, seguro de que no pasaría nada, intento calmarla. Hizo un bulto con las prendas femeninas, se las dio y la metió desnuda al ascensor.

—¡Qué chingados traes, pendejo! —gritó encolerizado, mientras se ponía el pantalón.

—Desde ayer te anda buscando el jefe —dijo Toscano.

—Pues no me buscó nada bien.

—Cálmate, el patrón me mando para que hiciéramos negocios.

—Mira, Toscano, las cosas se están poniendo difíciles, acabo de traer a dos, no puedo regresar tan pronto por otra.

—Es tu problema, el jefe necesita otra —dijo Toscano apuntando a la cara de Paul.

—No vas a disparar, Toscano. Sabes que me necesitan vivo.

—¿Quién dice que una bala debe matar? —sonrió el sicario.

Con un movimiento rápido Toscano asestó un puñetazo a Paul y lo derribó. Le inmovilizó la mano y disparó sobre la palma. Paul se desgañitaba.

—Tienes cuatro días. Debe tener entre ocho o diez años.

Esa noche Paul salió de la ciudad. No sabía si para huir o para cumplir la orden. Se detuvo ante una tienda de autoservicio y, ocultando la herida, compró cigarrillos y un café muy cargado y continuó el viaje. En Chilpancingo rentó una habitación y se tendió a descansar. Había resuelto cumplir, cobrar y desaparecer. Si se encontraba con las familias diría que las niñas estaban bien, daría una dirección falsa y se acabó. Al caer la tarde decidió subir a la Montaña. Llegó bien entrada la noche, se internó en el poblado con las luces del auto apagadas y tocó en la choza donde parpadeaba un foco. El viejo propietario lo reconoció.

—Buenas noches, don Fulgencio.

—¿Qué pasó, Güero? ¿Qué haciendo por acá?

—De visita señor.

—¿A estas horas?

—No pude a otras.

—Bueno, pues cobíjese por ahí.

Paul se instaló en un catre y se acostó. Era tal su fatiga que no percibió la luz del amanecer ni escuchó el canto del gallo y mucho menos el ruido de la gente de don Pascual que se aproximaba. Una patada abrió la puerta abruptamente. Cuando Paul trató de reaccionar un hombre lo tomó de los cabellos y lo lanzó al suelo. Quiso preguntar qué pasaba, pero una patada en la boca le mató la intención. Lo arrastraron al exterior y una vez afuera lo patearon sin compasión.

—¡Basta! —ordenó don Pascual. Paul, sangrando de boca y nariz intentó levantarse.

—¿No que muy chingón, güerito? —se burló el cacique y dejó caer el fuete sobre la espalda del cautivo—. Enciérrenlo en la bodega.

Paul perdió el conocimiento. Cuando despertó colgaba de una viga, sostenido de las muñecas por un tosco mecate que se enterraba en su carne. Una mordaza le impedía gritar y no podía reconocer el lugar. Sacudió el cuerpo intentando librarse de las amarras. Imposible. Unos pasos lo alertaron de la presencia de alguien. Don Pascual entró a la bodega sosteniendo un vaso y se detuvo frente a Paul.

—¿Tienes sed, güerito? ¿Aquí traigo jugo? —le aproximó la bebida.

Paul estiró el cuello hacia el punto del que venía la voz. El cacique lo frenó con el fuete.

—El jugo te lo vas a beber a través de las heridas.

Don Pascual le dio varios fuetazos en la espalda. Luego dejó caer el jugo de limón con sal sobre las heridas. Entonces le quitó la mordaza y le preguntó por el paradero de Carmen y Guadalupe. Paul, seguro de que si revelaba la verdad moriría, se negó a responder. Fastidiado, don Pascual se marchó, no sin antes advertirle que volvería, y volvió esa noche con un recipiente con carbones encendidos y varios hierros.

—¿Qué pasó, güerito? Como vi que traías una herida vine a curártela, para que no digas que soy un desgraciado.

Desprendió la venda de la mano, lo sujetó con fuerza, colocó el metal al rojo vivo en la herida y el olor a carne quemada llenó la bodega. Paul sufrió tal dolor que sus ojos se llenaron de lágrimas y cayó en la inconsciencia.

—Al rato voy a venir a verte con un amigo. Espero que para entonces puedas hablar.

Don Pascual amordazó al rubio, salió de la bodega y caminó hacia el corredor donde lo aguardaba su mecedora y se puso a fumar. Pasado un tiempo se presentó Nicolás.

—Ven —le dijo. Y se encaminaron a la bodega.

Al reconocer a Paul, Nicolás tuvo un ataque de furia, quiso echársele encima, molerlo a golpes. El cacique lo contuvo, tomó una cubeta y vació el agua en el rostro de Paul quien recuperó la conciencia.

—Creo que ya conoces a este señor —señaló a Nicolás. Volvió a preguntar por las niñas y solo obtuvo silencio. Molesto, enarboló un palo envuelto en tela.

—Esto me lo enseñaron tus paisanos, pinche güerito.

Sin contemplaciones, como si fuera un costal, apaleó a Paul.

—El señor quiere saber dónde está su hija. Díselo.

Don Pascual tiró de los cabellos de Paul y lo hizo volverse hacia Nicolás. Paul emitió sonidos guturales y le quitaron la mordaza.

—¿Qué quieres decirnos? —preguntó don Pascual, y en vez de articular palabras Paul echó a reír y provocó un arranque de furia de Nicolás, quien comenzó a golpearlo con un trozo de leña. A don Pascual le costó trabajo contenerlo.

# A DORMIR

De manera extraña, el sol no salía en su totalidad. La casa estaba revestida de neblina y el olor de los pinos se colaba por las ventanas provocando escalofríos.

—No vas a comer nada, tienes que estar en ayunas —repetía Cordelia a Guadalupe ante los ojos incrédulos de las otras, que estaban por terminar su oración. Después del almuerzo las llevaron a un área grande y vacía de la casa. Allí, la regordeta mujer les explicó que ese sería su salón de juegos, el mal tiempo obligaba a que jugaran dentro. Al quedarse a solas, Guadalupe sonrió maliciosa.

—¿De qué te ríes? —preguntó Natividad.

Sin decir nada, Guadalupe le picó las costillas y a Lorena le jaló los rizos.

—Atrápenme si pueden —dijo, y echó a correr.

Daba vueltas y vueltas con su inseparable muñequita de trapo, sin que la atraparan, y solo se detenía para hacerles gestos. En una carrera chocó con un muro, y sus amigas, que la seguían de cerca, toparon con ella. Lorena y Natividad reían a carcajadas, más cuando descubrieron el chipote que el golpe contra la pared había causado en la frente de Guadalupe. Ya sin ánimo de correr, se sentaron en medio del salón y se pusieron a jugar a la comidita. De súbito, el dueño de la casa se hallaba frente a ellas, contemplándolas. Les sonrió, luego ordenó a Guadalupe que lo acompañara y la niña, sin protestar, lo siguió. A un paso de salir, Lupita volvió el rostro y agitando la mano dijo adiós a las amigas. El hombre la llevó de vuelta al desayunador, sobre la mesa había un jugo de naranja que le hicieron beber. El efecto narcótico fue inmediato, los párpados de la chiquilla se cerraron como pesadas cortinas de acero, su cuerpo flaqueó, tuvieron que sostenerla para que no cayera; un pálido destello del sol fue la última imagen que registró su memoria. Unos hombres vestidos de blanco la tendieron sobre una cama metálica y cubrieron la desnudez de su cuerpo con una sábana. Los hombres tenían una misión: extirpar a la niña varios órganos de elevado valor en el mercado. Una luz poderosa cayó de lo alto y los bisturís trabajaron haciendo rápidas incisiones para adueñarse de los palpitantes trozos de vida, mientras la existencia de la niña se apagaba.

Toscano entró al quirófano y echó el cuerpo en una bolsa de plástico negra, junto con las ropas de la menor y la muñeca de trapo. Después selló la bolsa con cinta adhesiva.

Lorena y Natividad, en su habitación, cerca de la ventana contemplaban las estrellas mientras aguardaban la llegada de la amiga. Preocupadas, se preguntaban la razón de su tardanza.

—Mira —señaló Natividad un punto en el patio.

—¿Es Toscano? —dijo Lorena—. ¿Qué es lo que lleva?

—No sé.

Abajo, Toscano recorrió un trecho cargando la bolsa negra de plástico. Se detuvo y puso la bolsa en el piso. Tomó una pala y comenzó a cavar. Demoró más de una hora en esa tarea, y al cabo, cuando la fosa tuvo la profundidad deseada, echó a un lado la pala y bruscamente levantó la bolsa, que momentáneamente se enredó en un arbusto. La bolsa sufrió un desgarrón y por la abertura cayó un pequeño bulto.

—Algo se salió de la bolsa —dijo Natividad.

Toscano arrojó la bolsa a la fosa, de nuevo tomó la pala y empezó a rellenar el agujero. Terminó el trabajo y se marchó. En la creciente oscuridad una figura femenina entró al jardín, se arrodilló para tomar el envoltorio que había caído de la bolsa y volvió a la casa.

—¿Quién sería? —preguntó Natividad.

—No sé. Solo espero que Lupita este bien —suspiró Lorena.

—¿Por qué estará tardando tanto?

—No sé. Eso está muy raro.

—La verdad, sí.

# EL SIGUIENTE ADIÓS

En el fondo, Natividad y Lorena sabían que Guadalupe no regresaría. Comenzaron a conversar sentadas en las camas, se sentían tristes y desamparadas. Aunque ninguna lo mencionaba, temían por su propia suerte. No sabían cuál sería la próxima en irse y adónde iría o cómo se iría. Dos horas antes Cordelia y otra mujer las había visitado para vestir a Natividad y hacerle unos arreglos. Desde entonces Cordelia no había vuelto y su ausencia agudizaba la tensión. Buscando evadir por un momento la realidad, Lorena hizo chistes y payasadas sobre la apariencia de Natividad. Sus trenzas acababan en grandes moños rojos, llevaba pestañas postizas y en torno de los ojos le habían puesto sombras y líneas oscuras que opacaban su mirada. Sus labios habían engrosado por el color que le aplicaron. Llevaba puesto un vestido negro muy corto y cubría sus piernas una prenda llamada liguero. Calzaba unas zapatillas de tacón alto y delgado. Para Lorena todo eso era motivo de risa.

En eso Toscano abrió la puerta de golpe, provocándoles un sobresalto.

—Ven, niña —indicó a Natividad.

—¿Adónde vas a llevarme? —preguntó la niña.

—Te voy a presentar con unos amigos del jefe —dijo Toscano.

—¿Para qué?

—Para que juegues con ellos. Quieren conocerte, te van a dar muchos dulces y juguetes porque saben que te portas muy bien.

Natividad se levantó y salió del cuarto. Antes de cerrar la puerta, Toscano le dijo a Lorena que aguardara a Cordelia, quien no tardaría en llegar por ella para llevarla a desayunar.

El sicario condujo a Natividad a un cuarto ubicado al final del pasillo. Lejos estaba la niña de imaginar que más allá de su inocencia existe un mundo de maldad que desconocía, un mundo negro como la boca del diablo que traga la inmundicia de las perversiones del hombre. Y muchas veces ese mundo está a la mano. Toscano sentó a Natividad en la cama y luego encendió una cámara de video. En el entorno y sobre un artefacto de metal había diferentes objetos que a la niña le resultaron raros, desconocidos

—Ahora vengo, no toques nada —dijo Toscano.

Toscano cruzó el pasillo y bajó las escaleras. Entró a una sala en la que dos sujetos fumaban habanos; uno era el dueño de la casa y el otro un visitante asiduo.

—Todo listo, jefe —anunció Toscano.

—Muy bien —dijo el propietario y se dirigió al visitante—: Ya lo oíste, mi amigo. Adelante y recuerda que si se te pasa la mano tomaré cartas en el asunto. No quiero que se repita lo ocurrido con la mudita —le advirtió, y al final le dio una palmada en la espalda.

—Entendido, señor.

Antes de entrar a la habitación en que se hallaba Natividad, el hombre se colocó una máscara de piel. Dentro la niña permanecía quieta, pero la presencia del hombre que acababa de entrar la aterrorizó. El sujeto comenzó a quitarse la ropa con calma, de pie frente a la temblorosa pequeña. En un descuido del hombre ella intentó escapar, pero el tipo la tomó de los cabellos y la arrastró a la cama. Excitado, comenzó a desgarrarle la ropa y antes de que ella pudiera emitir un grito, le cubrió la boca con una mano y después la amordazó con su corbata. Natividad fue violada, azotada y sometida a toda clase de perversiones. Al final, cuando aquel sujeto se separó de la niña, le echó una mirada. Natividad se hallaba postrada como un títere con los hilos rotos. Alarmado, el hombre trató de hacerla reaccionar, quiso incorporarla y los brazos y las piernas de la niña, flojos, desmadejados, no dieron señales de vida. Trató de reanimarla, la sacudió salvajemente. Era inútil.

Media hora después Toscano subió al cuarto, llamó a la puerta con fuertes toquidos y no obtuvo respuesta, intentó girar la perilla y encontró que tenía el seguro puesto. Extrajo la pistola y voló la cerradura. En la habitación, arrodillado y sosteniendo el cuerpo sin vida, el hombre pedía perdón.

—Mira lo que hiciste, pendejo. Sobre advertencia no hay engaño —dijo Toscano. Y le descerrajó un tiro en la cabeza.

# DEL MIEDO A LA FAMILIA

Cuando fueron a buscar a Lorena, la encontraron sentada en la cama, inmóvil, como en otro mundo. Cordelia le echó encima una manta y la llevó a otra habitación, le dio pan blanco y rezó por ella. Esa noche Lorena no quiso cenar. Cordelia, maternal contra su costumbre, la bañó y la acostó. Algún extraño instinto había lacerado el espíritu de Lorena y sospechaba que le iría mal. Se hallaba con los nervios destrozados, cualquier ruido la alteraba: el canto de un ave, los golpes del viento entre los pinos. Si acompañada se sentía vulnerable, esta sensación cobraba mayores dimensiones sin sus amigas. La noche entera tuvo pesadillas en las que le hacían mil atrocidades. Y Toscano era la imagen del mal. Llegado el nuevo día, Cordelia entró a la habitación, vigiló el aseo personal de la niña y le dijo que su condición moral y sentimental no importaba en ese momento, pues el dueño quería verla. La llevó al desayunador, la alimentaron y en cuanto terminó de comer, se sentó a la mesa el hombre a quien todos llamaban patrón. Lorena palideció.

—No temas, no te va a pasar nada —dijo el patrón y se echó una uva a la boca—. Se trata de tu futuro. Hoy mismo tendrás la oportunidad de irte de aquí y llevar una vida diferente a la de ahora y a la que has llevado siempre.

Lorena no expresó emoción alguna.

—Te irás con una nueva familia, tendrás unos nuevos padres. Eres muy pequeña, pero quiero que entiendas lo que voy a decirte. Vas a tener la oportunidad de cumplir tus sueños, de tener unos padres que te amen, te llenen de juguetes y de dulces y, sobre todo, que te cuiden. Si no quieres irte con ellos seguirás aquí, y ya sabes que aquí harás lo que yo diga, tal y como lo hicieron tus amiguitas. La decisión está en tus manos. Si decides quedarte, no te voy cuidar y no respondo por lo que pase.

Lorena guardó silencio y el patrón siguió perorando.

—Las personas con las que te irás son buenas, te lo aseguro. Tenían una hija muy parecida a ti y se les murió en un accidente. Quieren otra hija y tú quieres una familia, el cuento puede tener un final feliz, basta con que lo decidas.

Lorena suspiró profundamente y durante largo tiempo estuvo mirando por las ventanas. Quería salir de allí, adonde fuera, con quien fuera, pero salir. De nuevo respiró a profundidad.

—No me van a pegar, ¿verdad? —preguntó antes de dar una respuesta definitiva.

—No, claro que no. Lo único que quieren es hacerte feliz.

Lorena lo pensó un instante.

—Está bien —dijo finalmente.

—Es la mejor decisión que pudiste haber tomado. Y ahora quiero dejarte clara una cosa. Nunca debes decir nada de lo que pudiste escuchar o ver aquí. De lo contrario Toscano irá por ti, estés donde estés. Olvida que nos conociste y que alguna vez estuviste en este lugar. Recuerda que me debes la fortuna de tener una excelente familia.

El patrón se levantó y antes de retirarse besó las mejillas de Lorena. Luego ordenó a Cordelia que le hiciera la maleta con la mejor ropa que le habían comprado.

Faltando quince minutos para la una de la tarde, Toscano atendió la puerta y pasó una pareja a la sala. La puerta de la habitación de Lorena estaba abierta y la niña aguardaba de pie, con una pequeña maleta a un lado. Cordelia tomó la maleta y bajaron las escaleras para llegar al pasillo. Cuando lo cruzaban, una persona chocó con Lorena y la derribó.

—Estúpida —gritó Cordelia—, fíjate lo que haces.

Lorena reconoció a Carmen, la Muda, quien la levantó y la abrazó con fuerza y aprovechó para introducirle un bulto entre la ropa. Luego estrechó con pasión y ternura las manos de Lorena, la soltó y se alejó corriendo. La niña fingió gran temor y se inclinó para ocultar el regalo. Toscano no se dio cuenta y al verla, se la quitó a Cordelia y condujo a Lorena a la sala.

Un matrimonio joven se hallaba instalado en un sofá. Frente

a ellos, el propietario ocupaba un sillón.

—Adelante, hija, pasa —invitó el dueño. Lorena se acercó un par de pasos—. Ella es Lorena —agregó.

—Es idéntica —comentó la esposa y echó a llorar.

—Lorena es una niña cuyos padres fallecieron hace tiempo. Todos los datos están en su poder en la carpeta que les hice llegar —dijo mientras se acariciaba la barba. Tras una breve pausa añadió—: Como ven, es una niña completamente sana. Bien, he cumplido con mi parte del trato, falta que ustedes hagan la suya.

—Sí, desde luego. Solo que... ¿cree usted que ella quiera? —preguntó la joven esposa.

—Usted misma puede preguntárselo.

La pareja se volvió a mirarla, como esperando de parte de Lorena la confirmación. Lorena asintió regalándoles una sonrisa. Marido y mujer, conmovidos, se acercaron a abrazarla.

—Nada te va a hacer falta —prometió el marido.

—Pues les deseo buena suerte —dijo el propietario—. Solo nos resta concluir una mínima operación —señaló la puerta de su despacho y hacia allá se dirigieron él y la joven pareja.

Salieron unos minutos después, la esposa tomó por un hombro a Lorena, el marido se encargó de la maleta y se encaminaron a la puerta que daba al exterior.

Afuera, Lorena echó una última mirada a la ventana que daba a su habitación. Imaginó que sus amigas se hallaban detrás de los cristales y reían contentas de que se fuera. Con los ojos cerrados, se despidió mentalmente de ellas. Enseguida, la familia abordó su auto.

Durante el trayecto a su nuevo hogar, Lorena descubrió el bulto que le había dado Carmen. Desechó el pañuelo de manta que lo envolvía y encontró la muñeca de trapo de Guadalupe. La abrazó. Silenciosas lágrimas rodaron por sus mejillas.

# CAMINO CERO

La fricción de la hierba contra su piel le provocaba a Nicolás una comezón espantosa. Sus ojos se abrieron trabajosamente bajo los fuertes rayos del sol, que le calentaban la cabeza y fermentaban el alcohol que trasudaba. La resaca lo flagelaba. Conocía las carencias de su condición física, consecuencia de sus excesos, así que se incorporó lentamente para no retornar al suelo. Nada recordaba de las horas recientes y al incorporarse descubrió que se hallaba en las inmediaciones de su casa. De pie, a cierta distancia, Concepción y sus tres hijos varones lo observaban. Sin decir palabra bajó a la poza y metió la cabeza en el agua, luego de refrescarse se sentó y en ese instante su memoria reaccionó como un relámpago. Le había dado muerte al Güero, había bebido un cartón de cervezas en el tendejón aquel y un cuarto de mezcal que llevaba en el morral. Y había intentado violar a su esposa. Permaneció inmóvil largo tiempo, sopesando su conducta. La voz de su hijo José, que lo llamaba para que fueran por leña, lo sacó de su ensimismamiento. Aunque de mala gana, se levantó y partió con el muchacho a cortar y colectar trozos de madera.

De vuelta, al entrar a su casa vio a Concepción ayudando a su madre, vio a sus otros dos hijos sentados a la mesa. Sin decir nada lanzó varios leños al fuego y se quedó mirando el incremento de las llamas. Juan se había acercado por el lado opuesto y le tocó la espalda con el dedo índice. Nicolás se dio vuelta y el niño, viéndolo a los ojos, le preguntó:

—¿Dónde está Lupita?

Por toda respuesta, ante la sorpresa de todos Nicolás le asestó al menor una cachetada que lo arrojó al piso.

—Papá... —balbució Juan a modo de reproche.

—No está ni estará. Te prohíbo que la menciones —dijo con las palabras quebrándosele, al borde del llanto.

—Pero, papá...

—¡Nada de peros! ¡Y no me contestes, soy tu padre! ¡No quiero que ni tú ni nadie hable de ella! —sin agregar palabra, Nicolás salió y fue a sentarse en la orilla de la poza.

Casiano lo alcanzó al cabo de unos minutos y lo llamó a comer. Cuando Nicolás regresó, su familia comía en silencio. Qué lejos estaba de imaginar que sería la primera de muchas comidas marcadas por la distancia y el desconsuelo. A partir de entonces la pareja iniciaría un largo peregrinar por un camino insustancial, un camino en el que nada se encontraba, nada existía. Un inmenso invierno del alma se cernía sobre ellos. Nunca más ninguna de las apetencias de Nicolás encontraría satisfacción, ninguna de sus inquietudes hallaría respuesta. La bebida ahogaría sus agobios.

Tita, católica, enemiga del suicidio, viviría por vivir, por la simple inercia de la sangre en la carne. Sería cada vez más una extraña en aquel mundo enterrado en el vientre de los cerros, envejecería sentada fuera de su casa sin atender a nadie, imaginando la visita de Guadalupe, sus delicadas caricias y su humor chispeante. Nunca se resignó a la pérdida, nunca intentó sembrar olvido en su corazón ni quiso perder la esperanza de que su pequeña vivía y volvería.

Con el paso del tiempo la indolencia de doña Tita dejó de ser motivo de preocupación o espanto. Una tarde en la que los rayos del sol se quebraban sobre las montañas, doña Tita, sentada fuera de su casa, observaba la maleza mientras soñaba despierta, se imaginaba jugando con ella, inventando mil travesuras, correteando por los cerros o escondiéndose para asustarla.

No diferenciaba doña Tita entre realidad y fantasía. Vio de pronto la silueta de una pequeña subiendo hacia ese lugar y el corazón le dio un vuelco. La muchacha, vestida de manta, se abría paso entre la vegetación, sus rizos dorados irradiaban una luminosidad que cegaba su vista. Cuando estuvieron juntas, la joven pasó el dorso de una mano sobre las mejillas de doña Tita, le dio un beso en la frente y depositó en sus piernas un envoltorio.

—Esto es de Lupita, les pertenece a ustedes.

La chica se marchó y doña Tita, con manos temblorosas, deshizo el envoltorio. Una daga se le clavó en el corazón: era la muñeca de trapo de Guadalupe. Doña Tita se llevó las manos a la cara y echó a llorar.

# ÍNDICE